国际中文与传统语文教学比较

李文浩　等著

学林出版社

作　者

李文浩　姚依伶　蔡丽叶　吕一哲　孙寅艳

前　　言

　　国际中文教学与国内传统的语文教学原本没什么可比性,因为前者是汉语作为第二语言的教学,后者是汉语作为第一语言的教学。两者在学科性质、教学目标、教学方法、教学对象、课程设置、教学原则、教学过程、教师资质等方面都存在差别。多年以来,两者的学科建设与专业学术探讨也确实是各行其道。但是,近年来国际中文教育领域发生的两件大事,拉近了两者的距离。

　　一是 2020 年 9 月教育部印发《教育类研究生和公费师范生免试认定中小学教师资格改革实施方案》。在该文件中,不少教育类专业(如课程与教学论、小学教育、教育学原理、比较教育学等等)"没有明确教学学科和教学专业",但是汉语国际教育专业硕士和学科教学(语文)硕士一样,所任教学科在文件中被明确对应为中小学语文。

　　二是 2022 年 9 月国务院学位委员会和教育部面向社会正式发布《研究生教育学科专业目录(2022)》,自 2023 年起实施。该新版目录中,原专业学位类别"汉语国际教育"更名为"国际中文教育"。相较"汉语","中文"涵盖范围更广,与传统母语教学的学科名称"语文"更接近。

　　事实上,这些年来高校汉语国际教育专业有相当大比例的毕业生走上国内中小学语文教学岗位,反过来也有一些在职的中小学语文教师应聘成为海外孔子学院中文教师志愿者。随着上述政策面的引领,两类人群的跨界就业会更多。这种情况下,如果彼此生硬地将原有的教学理念和方式方法照搬过来,就难免水土不服,事倍功半,甚至误入教学的歧途。这不是危言耸听,从我们的直接观察以及更多的来自业内同行的反馈,将国际中文课堂上成传统语文课,或者在语文课上投入大量时间精力来分析和操练语法点的,远多于预期。

　　本书主要读者对象即为上述两类"跨界"就业者。我们努力在国际中文教学和传统的语文教学之间搭起一座桥,从而知己知彼,知同知异,当跨进对方的领域时,既不必从零开始，悔怨所学非所用，也不会犯拿来主义的错误，一切照搬照抄。本书选取教材汉字编排、课堂问答与评价以及作文词汇运用等焦点领域，对国际中文教学与国内传统的小学语文教学进行系统比较，采用定性与定量相结合的研究方式，力求准确揭示两者的共性与差异，为准备跨界教学的读者，尤其是国际中文教育类学生毕业后从事传统语文教学工作提供一定的教学参考。

他山之石，可以攻玉。即使并不打算跨界从业，本书在比较过程中所呈现的国际中文教学和传统语文教学各自的好理念好做法也可以为对方所借鉴。当然，本书作者来自国际中文教学领域，所以主体部分所提出的各类建议主要是针对本领域的。至于国际中文教学对国内传统语文教学有什么启示，作为立足于国际中文教学界的作者，就不便"指手画脚"了，有关读者可以从本书对两者的比较中去寻求解答。

学习汉字不仅是外国学生的难题，对于国内低年级小学生来说也具有相当大的难度。教材中汉字教学内容的编排是影响汉字教学效果的重要因素。本书第一部分是教材的汉字比较。首先，我们从字量、字种和字序三个角度考察国际中文教学和传统语文教学两套代表性教材的生字编排情况。其次，从汉字笔画、笔顺、偏旁和结构的编写顺序及呈现方式出发，对比说明这两套教材的汉字基础知识。第三，从练习题量、题型和内容三个方面比较两套教材的汉字练习项目。最后，对国际中文教材中的汉字教学内容提出改进建议。

教师的提问与学生的回答是课堂上师生互动最基本、最重要的形式。仅从师生问答就可以大致判断出教师的专业基础、教学水平以及这堂课的实际教学效果。本书第二部分是课堂问答比较。从教师提问、学生回答、教师反馈三个方面分别考察国际中文课堂和小学语文课堂的师生表现，并对两者进行比较。在此基础上对国际中文教师的课堂提问与反馈提出改进建议。

课堂评价是教师教学语言的重要组成部分。往往不经意的一句评价语就能判断出一名教师是否专业老练。我曾经问汉语国际教育专业的研究生，在你们的国际中文教学课堂上会不会出现"棒，棒，你真棒"这样的集体夸奖？尽管他们笑了，但是令人懊恼的是，在后来的国际中文教学实习课堂上，我还是听到了类似的评价语。本书第三部分是课堂评价比较。分别考察国际中文课堂和小学语文课堂的评价语，再对两种课堂评价语进行比较研究，分析现阶段国际中文教学课堂评价语存在的不足，提出课堂评价的基本原则和评价语使用的策略。

词汇是语言的建筑材料。David Wilkins 有句名言："没有语法，表情达意很受限制；但没有词汇，就什么也表达不了。"中外学生对汉语词汇的使用有什么异同，给我们什么启示，这同样是个值得考察的问题。本书第四部分是作文词汇比较。

首先，从词量、词长和词类三个方面考察国际中文和小学语文的作文词汇构成。其次，分别统计分析国际中文和小学语文作文中的高频词，并与现代汉语语料库词语频率表进行比较。最后，比较国际中文和小学语文作文词汇的多样性。

在我的前几届汉硕毕业生基本都投身于国内中小学语文教师岗位后，我就有一个愿望：将来出版一本对汉语二语与母语教学进行比较研究的专书，为本专业学生在读期间打通专业学习与职业准备提供一点帮助。以此为选题背景，并拟定了研究思路、框架结构和研究方法后，我先后指导2018级研究生姚依伶、2020级研究生蔡丽叶和吕一哲、2021级研究生孙寅艳分别进行了课堂评价比较、汉字编排比较、师生问答比较和作文词汇比较的专题研究。在具体写作中，许多细节问题的处理是我们共同讨论后决定的。近几个月，我对上述内容进行了修改、打磨和整合，并最后统稿成书。由于我国的研究生专业学位"汉语国际教育"从2024级开始将更名为"国际中文教育"，考虑再三，本书原拟名"汉语二语与母语教学比较"现更名为"国际中文与传统语文教学比较"。书中有关表述也相应地做了调整。另外，书中引用部分国际中文作文作为例句，为保持作文原貌，不对其中偏误做出修改。

本书作者学识有限，祈望专家批评指正。书中的有关观点和建议也有待更多的实践去验证。此外，"国际中文与传统语文教学比较"是一个开放性的课题，本书只研究了其中四个专题，希望将来有续集问世。

李文浩

2023年4月

目　　录

第一编

汉字编排比较

国际中文教学界普遍认为，国际学生的汉字教学可以从国内语文识字教学中借鉴经验，但大部分已有文献都是汉字教学方法的宏观研究或者教材中字量、字种的比较研究，具体针对教材中汉字基础知识和练习项目进行系统比较研究的文献很少，与部编本《语文》比较的研究则几乎空缺。本书选取国际中文教材《成功之路》（入门篇、起步篇）和人民教育出版社 2016 年版部编本小学《语文》（一年级上、下）教材进行比较，从字量、字种、字序、汉字笔画知识、汉字笔顺知识、汉字部件知识、汉字结构知识、汉字练习项目等角度对两套教材的汉字编排内容进行考察。

第 1 章　生字编排概况

1.1　教材字量比较

1.1.1　《成功之路》字量统计分析

《成功之路(入门篇)》(以下简称《入门篇》)是为汉语基础为零的学习者编写的国际中文教材。这册教材主要帮助二语学习者建立对汉字的认知,并打下良好的汉字基础。对于零起点的学生来说,他们对汉字的音、义、形都处于零基础阶段,因此在入门阶段降低识字数量和汉字难度更适合学习者的实际情况。《入门篇》前两课设计了"有趣的汉字"部分,该板块不要求学习者掌握汉字,旨在帮助学生初步了解汉字特点,故不计入本章讨论范围内。

从第三课开始每课练习题都设置了相关基本汉字的学习。《成功之路(起步篇)》(以下简称《起步篇》或《起步篇 1/2》)每课课后都附有本课汉字,文末附有汉字索引,为了提高准确性,我们分别对这两部分的字量进行了统计。[①] 此外,《入门篇》和《起步篇》都没有区分要求"会认"和"会写"的汉字。

经统计并逐一比对,现将《入门篇》和《起步篇》的字量统计描述如下:

(1)《入门篇》要求学生掌握 50 个基本汉字。《起步篇》共有生字 477 个,其中第一册要求掌握汉字 224 个,第二册要求掌握汉字 253 个。

(2)《入门篇》共收录课文 8 篇,第三课至第八课平均每课 8.33 个生字。《起步篇 1》收录课文 12 课,每课平均生字量为 18.67 个;《起步篇 2》共 16 课,每课平均15.81 个生字。《起步篇》两册平均每课生字量为 17.04 个。

(3)《入门篇》第三课至第八课中生字最少的是第三课和第四课,每课 7 个生字;生字最多的是第七课和第八课,每课 10 个生字。总体来看,《入门篇》课文生字量差别不大。《起步篇 1》每课最少 13 个生字,最多 24 个生字。《起步篇 2》每课最

---

① 经过多次统计并逐一比对后发现,《成功之路》(起步篇)第一册课后"读写练习"中的汉字共计 224个,汉字索引共计 225 个,多余汉字为第四课中的"英"。而第二册"读写练习"中的汉字与汉字索引中的汉字数量上一致。权衡后我们以"读写练习"中出现的实际汉字为准。

少 10 个生字,最多 21 个生字。相比之下,《起步篇》两册的课文生字量悬殊较大。上述具体数据如下表:

表 1-1 《成功之路》生字量统计表

册 ＼ 个	册生字总量	每课平均	每课最少	每课最多	全册生字总量
《入门篇》	50	8.33	7	10	
《起步篇 1》	224	18.67	13	24	527[①]
《起步篇 2》	253	15.81	10	21	

　　识记汉字对汉语初学者来说一直是个难点。每课生字太多容易造成记忆混乱,从而动摇学习者学汉字的信心,太少则无法满足学生的学习需求,汉字能力也难以提高。因此,科学合理地分配每课的生字量才能实现较好的汉字教学效果。为观察《入门篇》和《起步篇》两册的生字数量分布是否均匀,我们通对每课生字量进行正态分布检验,结果如下列图表所示:

表 1-2 《成功之路》每课生字量

		《入门篇》每课生字量	《起步篇 1》每课生字量	《起步篇 2》每课生字量
个案数（个）	有效	6	12	16
	缺失	0	0	0
平均值		8.330	18.670	15.810
标准差		1.366	3.025	3.124
偏　度		0.523	-0.232	0.034
偏度标准误差		0.845	0.637	0.564
峰　度		-1.875	0.129	0.378
峰度标准误差		1.741	1.232	1.091

---

　　① 在我们统计过程中发现《入门篇》和《起步篇》共有重复用字两个,分别是"见"和"车"。由于教材未作特殊说明,因此本节关于"字量"问题的统计,我们认定《成功之路》总字量为 527 个;下文 1.2.3 关于"字种"问题进行统计时,我们认定《成功之路》字种为 525 个。

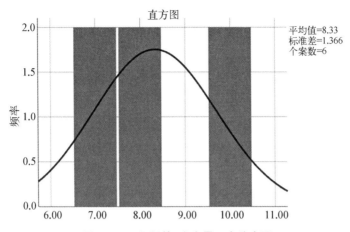

图 1 - 1　《入门篇》生字量正态分布图

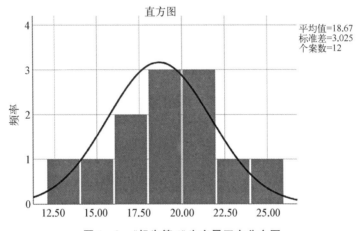

图 1 - 2　《起步篇 1》生字量正态分布图

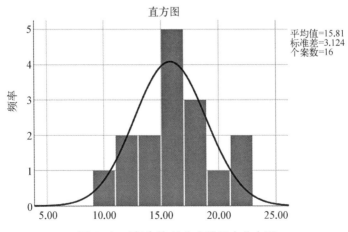

图 1 - 3　《起步篇 2》生字量正态分布图

由上述图表可知,《入门篇》每课生字量的偏度系数大于 0 为右偏,数据呈正偏态分布;峰度系数小于 0,表明每课生字量的分布与正态分布相比较为平缓。《起步篇 1》的偏度系数小于 0 为左偏,呈负偏态;《起步篇 2》的偏度系数为 0.034,接近于 0,表示数据相对均匀地分布在平均值的两侧,呈正态分布。此外,《起步篇》一册和二册的峰度系数都大于 0,即数据分布相对于正态分布更陡峭。

经对比发现,《入门篇》的标准差略低于《起步篇》,故《入门篇》每课的生字量变化幅度不大,比较稳定。虽然《起步篇 1》和《起步篇 2》在课文编排上具有连续性,但二者的生字量分布各不相同。相比《起步篇 1》,《起步篇 2》每课的生字量分布更趋向均匀性(正态分布的偏度约为 0,峰度为 0.378)。

1.1.2　小学《语文》字量统计分析

小学《语文》(一年级·上册)和《语文》(一年级·下册)(以下简称《语文》(一上)、《语文》(一下)或《一上》《一下》)的生字编排遵循识写分流、多识少写的原则。《语文》一上要求认识 300 个常用字,会写其中的 100 个。一下要求认识 400 个常用字,会写其中的 200 个[①]。认写比例从 3∶1 降低至 2∶1,对一年级学生的写字要求逐渐提高。两册共要求会认 700 个常用字,会写 300 个常用字。

《语文》(一上、一下)的生字量情况如下表:

表 1‑3　《语文》(一上)生字量情况(个)

	每课平均	每课最少	每课最多	单元生字总量	册生字总量
识字单元	9.00	6	12	90	
拼音单元	2.91	2	5	32	
课文单元	10.50	9	12	147	300
语文园地	5.17	5	6	31	

表 1‑4　《语文》(一下)生字量情况(个)

	每课平均	每课最少	每课最多	单元生字总量	册生字总量
识字单元	11.63	8	13	93	
课文单元	12.05	9	13	253	400
语文园地	5.27	7	8	54	

---

①　根据教材说明,重复出现的多音字只记录第一次出现的信息。其中一上共 4 个多音字,分别是"地、数、长、着";一下共 6 个多音字,分别是"觉、只、种、乐、得、空"。

　　《语文》每册都按照主题单元编排学习内容,故每个单元的生字量分布都不同。由上表可知,《语文(一上)》和《语文(一下)》均是课文单元和识字单元的生字总量最多。从具体数值上看,《一上》生字最少的一课属于拼音单元,仅 2 个生字,由于拼音单元的重点是拼音教学,生字安排有所减少;《一上》生字最多的一课同属于识字单元和课文单元,有 12 个生字。《一下》生字最少的一课属于语文园地,共 7 个生字,最多的一课同样属于识字单元和课文单元,有 13 个生字。相对来说,《一上》和《一下》同一单元内课与课之间的生字量悬殊较小。

1.1.3　字量比较分析

　　《成功之路》(入门篇、起步篇)和《语文》(一上、一下)两套教材的生字总量比较见下图:

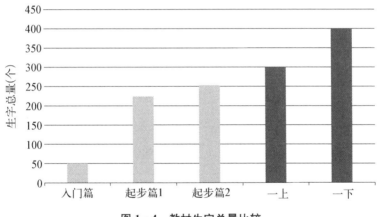

图 1－4　教材生字总量比较

　　《入门篇》要求学生掌握 50 个基本汉字。《起步篇》共有生字 477 个,其中一册要求掌握汉字 224 个,二册要求掌握汉字 253 个。《一上》和《一下》分别要求认识 300 和 400 个常用字。

　　对于零起点的外国学生来说,他们对汉字的音、义、形都处于零基础阶段,因此在入门阶段降低识字数量和汉字难度更适合学习者的实际情况。另一方面,《入门篇》以拼音教学为主,为了减轻学生的学习负担,教材生字编排较少。随着汉字学习的不断深入,学生在顺利掌握拼音之后,汉字量也随之增加,因此《起步篇》要求掌握的汉字数量比《入门篇》多。虽然《起步篇 2》的生字总量和《起步篇 1》相比递增趋势并不明显,但教材对学生的识字要求并没有逐渐降低,初级阶段识字任务依然较重。因为学习者学习汉字的时间越长,需要复习的生字也越多。

　　相比之下,虽然小学生对汉字的认知为零(或几乎为零),但他们从小生活在汉语环境中,在学习汉字以前已经有了一定的听说能力,且不同于国际中文教学的"以词为纲",国内低年级语文教学以识字为重点,课文选材基本围绕生字展开。即使同为入门阶段,《语文》(一上)的识字量远比《成功之路》(入门篇)多。

1.2　教材字种比较

教材在进行生字编排时,除了合理确定生字的数量外,也要考虑编入的生字是否符合学生水平。因为对于汉字初学者来说,每一课的生字难度直接影响学生的学习进度。本文将借助《汉语水平词汇与汉字等级大纲》(以下简称《汉字等级大纲》),对《成功之路》和小学《语文》两套教材中的生字分别进行考察。[①]

1.2.1　《成功之路》字种统计分析

《汉字等级大纲》作为一种规范性的大纲,是国际中文教材编写的重要依据[②]。该大纲主要分为词汇和汉字等级大纲两部分,其中汉字等级大纲甲级至丁级字共有 2 905 个。我们将未被该大纲收录的汉字界定为超纲字。将《入门篇》和《起步篇》的生字同《汉字等级大纲》进行逐一对比,并统计每类等级的汉字数量和所占比例,具体数据详见下表。

表 1-5　《成功之路》生字等级分布表

类别	字量	甲　级		乙　级		丙　级		丁　级		超　纲	
		数量	比例	数量	比例	数量	比例	数量	比例	数量	比例
入门篇	50	43	86.00%	6	12.00%	0	0	1	2.00%	0	0.00%
起步篇	477	422	88.47%	46	9.64%	8	1.68%	1	0.21%	0	0.00%
总　计	527	465	88.24%	52	9.87%	8	1.52%	2	0.38%	0	0.00%

注:部分计算结果因四舍五入存在误差,样本构成的百分比(%)可能超过100%。

由统计数据可知,《入门篇》的甲级字和乙级字分别占 86.00% 和 12.00%,其中甲级字是入门阶段最重要的字种。虽然教材生字表中也出现了一个丁级字"贝",由于

[①] 《汉字等级大纲》(2001:1)在前言中明确指出可"作为我国少数民族汉语教学以及中小学语文教学的重要参考"。因此我们认为小学《语文》的生字编排一定程度上也可参照《汉字等级大纲》。
[②] 《国际中文教育中文水平等级标准》(2021)虽然是目前面向外国学习者最为科学规范的标准体系,但其在前言中并未提及适用于国内中小学教学,故不在本文选用范围之内。

汉字"贝"属于独体字,且笔画较少,因而在入门阶段并不会给学习者增加太多的汉字学习负担。《起步篇》中虽然甲级字和丙级字比例有所增加,但占比最大的仍然是甲级字和乙级字,分别为 88.47% 和 9.64%。丙级字占比 1.68%,包括汉字"柜、末、浴、棋、拳、辣、咸、润",丁级字为汉字"涕"。此外,《入门篇》和《起步篇》均未出现超纲字。

从《入门篇》和《起步篇》的汉字等级分布对比中,可以明显看出《起步篇》的汉字难度虽然有所增加,但非甲、乙级字的比例仍然未超过 2%。这种逐步提高生字难度的编排方式考虑到了不同学习阶段学生的水平变化和学习需求,当积累的汉字越来越难,学生的阅读和写字能力也会随之提高。综上,《入门篇》和《起步篇》严格根据大纲的要求编写,生字难度遵循由易到难的原则。

1.2.2　小学《语文》字种统计分析

将《语文》一上、一下的"会认字"与《汉字等级大纲》逐一对比,并统计每类等级的汉字数量和所占比例,具体数据详见下表。

表 1 - 6　《语文》生字等级分布表

类别	字量	甲　级		乙　级		丙　级		丁　级		超　纲	
		数量	比例	数量	比例	数量	比例	数量	比例	数量	比例
一上	300	249	83.00%	37	12.33%	8	2.67%	6	2.00%	0	0.00%
一下	400	219	54.75%	128	32.00%	25	6.25%	23	5.75%	5	1.25%
总计	700	468	66.86%	165	23.57%	33	4.71%	29	4.14%	5	0.71%

注:部分计算结果因四舍五入存在误差,样本构成的百分比(%)可能未到 100%。

由上表 1 - 6 可知,《语文》(一上)中的生字绝大多数是甲级字,占比 83.00%。乙级字、丙级字、丁级字的占比依次递减。有了半年的汉字基础后,《语文》(一下)甲级字比重显著减少,乙级字比重增加,从一上的 12.33% 上升至 32.00%。丙级、丁级,甚至超纲字的比重也有所上升。小学生在习得汉字前已简单具备汉语的听说能力,甚至可以流利地运用汉语进行口语交流。可以说,以汉语为母语的儿童在掌握了汉字的音、义后,一定程度上也分散了汉字学习的难点,对字形的学习必然有帮助。

崔永华(2008)指出,儿童的识字过程是:先认识一些字,但是并不会写,然后会写其中的一些简单的、跟自己关系密切的、自己感兴趣的字。即使《语文》(一下)均出现了丙级、丁级和超纲字,对汉语为母语的小学生而言并不难掌握。例如"蜻、蜓、蚂、蚁、蜘、蛛"等丁级字,组合后是词语"蜻蜓""蚂蚁"和"蜘蛛"。学生虽然可能不认识以上六个汉字的字形,但一定熟悉上述三种昆虫,在母语环境中他们早已掌握了"蜻蜓""蚂蚁"和"蜘蛛"的音和义,只是缺少对这些汉字"形"的认知。可见,汉字的难易程度也和儿童的日常生活、兴趣爱好有关。

此外,《语文》(一下)还包括 5 个超纲字,分别是"粽、萤、瓢、咕、咚",但这些生字仅要求学生会认,不要求学生会写,且"萤、瓢、咕"属于 3500 个常用汉字范围内。生字"粽"选自第 10 课《端午粽》,该篇课文主要介绍了我国传统节日端午节以及粽子的做法,紧贴中国儿童的生活,体现了教材重视传统文化的特点。"咚"选自第 20 课《咕咚》,这是一篇童话故事,符合儿童的心理特点和认知水平。

综上,通过上述两部教材与大纲的对比分析,可以看出小学《语文》一年级教材的识字难度高于国际中文教材,汉字等级分布也更加广泛,包含甲级、乙级、丙级、丁级和超纲字。同时也体现了《语文》在字种选择上更贴近儿童的日常生活,注重传统文化的渗透。虽然《汉语水平词汇与汉字等级大纲》的间接用途是中小学语文教学的重要参考,但直接用途是作为我国初等、中等和高等汉语水平考试的重要依据①,因此小学《语文》的汉字编写不可能全面贯彻该大纲要求。而《成功之路》两册的生字编排都主要以甲级字为主,乙级字其次,丙级字和丁级字很少,严格遵循了初级阶段生字编写的规律,同时也符合母语非汉语学习者基础阶段的学习需求。

1.2.3　字种比较分析

《成功之路》入门篇和起步篇共有 527 个生字,除去"车、见"两个重复用字,共计 525 个字种。小学《语文》一年级教材要求认识 700 个生字,两套教材的共有字种 363 个,详见表 1－7。

表 1－7　《成功之路》与《语文》共有字统计表

等　级	《成功之路》各级生字量	与《语文》共有字	共有字占比
甲　级	463	338	73.00%
乙　级	52	23	44.23%
丙　级	8	1	12.50%
丁　级	2	1	50.00%
总　计	525	363	69.14%

①　国家汉语水平考试委员会办公室考试中心.汉语水平词汇与汉字等级大纲(修订本)[Z].北京:经济科学出版社,2001:13.

据统计,《成功之路》(入门篇、起步篇)与小学《语文》(一上、一下)共有字有363个,占《成功之路》生字总量的69.14%(363/525)。共有字中占比最高的是甲级字,有338个,占《成功之路》所有甲级字的73.00%。这些共有字的特点是使用频率较高且认读和书写都较为简单,如"人、大、上、下、口、月"等。占比最低的是丙级字,仅占12.50%。《成功之路》丁级字包含汉字"涕"和"贝",但仅"贝"属于共有字。

此外,《成功之路》和小学《语文》的独有字有162个,为了进一步分析两套教材的字种差异,我们统计了《成功之路》162个独有字在课文中的分布情况,具体如下表1-8。

表 1-8　《成功之路》独有字分布情况

教　材	课序	课文题目	独　有　字	字量
《起步篇1》	2	这是安妮的地图	典 图	2
	3	你家有几口人	夫	1
	4	你们班有多少学生	班 汉 难 名	4
	5	我的生日是五月九号	祝 谢 礼 号 期	5
	6	我们上午八点半上课	零 刻 差	3
	7	银行在哪儿	银 店 楼 客 校 宿 舍	7
	8	墙上有一张中国地图	柜	1
	9	你吃米饭还是饺子	坐 喝 咖 啡 迎 位 饺 咱 啤 酒	10
	10	苹果多少钱一斤	斤 蕉 便 宜	4
	11	我去银行换钱	换 话 码 民 币 超 市 买	8
	12	我们骑自行车去颐和园	骑 室 租 末 挤 借 题	7
《起步篇2》	13	我们在食堂门口见面	喂 帮 堂 馆 视 或 者 屋 聊	9
	14	我不能去看电影	考 试 复 系 舒 留 般 休 逛 园	10
	15	我从星期一到星期三有课	等 邮 局 寄 封	5
	16	我在操场踢球呢	乒 乓 啊 育 泳 赛 油	7
	17	我不会汉字输入	介 绍 司 认 识 输 脑 拼 筷	9

教　材	课序	课 文 题 目	独　有　字	字量
《起步篇2》	18	一直往前走	拐概附铁离先	6
	19	房间里可以上网	错挺层厨厕浴	6
	20	请你帮我还他	极拳	2
	21	你怎么了	感冒疼涕咳嗽嗓烧量度针药	12
	22	我25岁	属矮毕纪瘦重	6
	23	这件衣服是中式的	件式合适肥	5
	24	我发音发得不太准	利慢练容易调预读	8
	25	我的家乡冬天比北京暖和	冷报级季刮	5
	26	我们国家的菜没有四川菜那么辣	菜辣淡咸酸	5
	27	上海跟北京不一样	假算旅俩胜化商城燥润	10
	28	秋天要到了	父母坏糟糕	5

　　从上表中可以看出,《成功之路》的独有字主要分布于《起步篇》,即《入门篇》中50个最基本的、成字能力较强的汉字与小学《语文》同属共有字。既然如此,为什么《起步篇》中的一些生字在小学《语文》一年级教材中却不存在呢? 这可能与教材课文的选取有关。作为一套以语言技能训练为主的综合性教材,《成功之路》的课文选材主要取自成人日常生活话题,如《起步篇》第7课《银行在哪儿》是询问地点和方位,第11课《我去银行换钱》符合外国学生在中国学习生活的日常需求。而小学《语文》一年级教材的教学对象是6—7周岁的中国儿童,所谈及的话题自然与成年人话题有所不同,《语文》的字种安排更符合儿童认知。

1.3　教材字序比较

　　无论是国际中文教学还是小学语文教学,各自的大纲或教材中都明确规定了每一阶段学习者应该认识的字量和字种。相比之下,字序的确定一直是一个难题。识字教学中的字序是指教材中生字出现的先后顺序,即哪些生字先教,哪些生字后教。关于字序的确定,学界虽尚未规定统一标准,但大多主张把字频作为重要的参考依据,一般认为学习者先学高频字,后学低频字较为合理。例如江新等(2006)通过实验调查发现外国人的汉字学习效果受字频的影响,教材编写应该重视首选高频的常用汉字,以此提高学生生字的学习效果。

《成功之路》(入门篇、起步篇)和小学《语文》(一上、一下)两套教材分别要求学生认识 525 个字种和 700 个字种,这些字种在教材的分布是否符合字频由高到低的排列顺序呢? 我们选取由国家语委现代汉语语料库发布的《现代汉语语料库汉字频率表》(以下简称《字频表》)作为参考依据[①]。该语料规模达 2 000 万字,根据字频由高到低共收录出现次数大于 5 次的汉字,总计 5 708 个,基本覆盖了教材的生字量。该《字频表》每个选字都有对应的编号,表示各类选字在《字频表》中所居位次的序号,编号数值越小,表明该类选字的字频位次越高,使用频率也越高;编号数值越大,表明该类选字使用频率越低。

我们首先将《成功之路》和小学《语文》中的生字分别与《字频表》中的汉字进行对照,根据教材生字的出现顺序逐一记录《字频表》中对应的汉字编号,以上操作可通过 Excel 中的 Vlookup 函数完成。例如《成功之路》(入门篇)最早出现的 5 个生字分别是“一、二、三、人、大”,对应《字频表》编号“2、135、117、8、11”。其中“一”的编号数值最小,说明其使用频率最高。其次利用 SPSS 单因素组间方差分析方法,对比每套教材不同阶段生字的编排顺序,并对教材字序的合理性与否进行分析。最后比较了两套教材的字序分布情况,并对其异同予以讨论和解释。

1.3.1　《成功之路》字序统计分析

由于篇幅有限,根据《成功之路》(入门篇)50 个字种出现的先后顺序,我们抽取了起始位置、中间位置和末尾位置三个阶段各 10 个生字进行字序检测,具体生字及对应《字频表》中的编号如下表 1-9。

表 1-9　《入门篇》选字的阶段分布

字序	生字	编号	字序	生字	编号	字序	生字	编号
1	一	2	3	三	117	5	大	11
2	二	135	4	人	8	6	土	433

---

① 下载自 http://corpus.zhonghuayuwen.org/Resources.aspx 语料库在线网站。

字序	生字	编号	字序	生字	编号	字序	生字	编号
7	木	611	25	田	706	43	车	378
8	门	229	26	上	10	44	米	580
9	日	169	27	下	46	45	言	370
10	山	213	28	牛	772	46	舌	1667
21	云	683	29	羊	1257	47	手	168
22	衣	681	30	火	444	48	足	511
23	十	105	41	立	191	49	鸟	1173
24	心	94	42	贝	1373	50	鱼	669

为检测《入门篇》在编排生字时是否考虑汉字的使用频率,我们通过 SPSS 单因素组间方差分析方法,判断上述三个阶段的生字使用频率是否存在显著差异,将显著水平设为 0.05,若显著性小于或等于 0.05,说明前中后三个阶段生字使用频率存在差异,反之则认为三个阶段的生字编排顺序与字频高低无关。

表 1-10　单因素组间方差分析推断统计表

ANOVA

字频

组内	平方和	自由度	均　　方	F	显著性
组间	1 332 917.600	2	666 458.800	4.198	0.026
组内	4 286 295.200	27	158 751.674		
总计	5 619 212.800	29			

单因素组间方差分析结果显示,《入门篇》各阶段生字使用频率存在差异($F_{(2,27)} = 4.198$,$p < 0.05$)。通过表 1-11 进行事后差异检验,进一步考察字频差异到底存在于教材的哪两个阶段之间。从表中可以看出,只有第三阶段和第一阶段达到显著水平的差异($p = 0.038 < 0.05$),第二阶段与第一、三阶段的字频差异

均未达到显著水平(p>0.05)。即《入门篇》只有起始位置与末尾位置的生字使用频率差异较大。结合图 1-5 可知,汉字使用频率随着教材字序的增加而呈上升趋势,且跨阶段字频差异较为显著,说明《入门篇》根据字频高低确定生字编排顺序。学生的学习时间是有限的,先学习日常生活中的高频字,更有利于学生在学习和运用中高频率地复习学过的生字,便于汉语初学者理解和接受。

表 1-11　单因素组间方差分析事后差异检验表

多　重　比　较

因变量:字频

塔姆黑尼

(I)阶段	(J)阶段	平均值差值 (I-J)	标准误差	显著性	95% 置信区间	
					下　限	上　限
1.00	2.00	-287.000 00	144.122 53	0.191	-681.878 9	107.878 9
	3.00	-515.200 00*	175.259 92	0.038	-1 003.819 9	-26.580 1
2.00	1.00	287.000 00	144.122 53	0.191	-107.878 9	681.878 9
	3.00	-228.200 00	209.197 66	0.643	-781.503 8	325.103 8
3.00	1.00	515.200 00*	175.259 92	0.038	26.580 1	1 003.819 9
	2.00	228.200 00	209.197 66	0.643	-325.103 8	781.503 8

*. 平均值差值的显著性水平为 0.05。

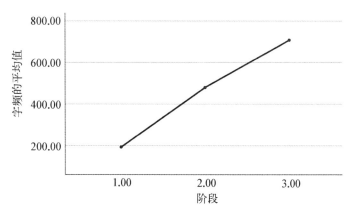

图 1-5　字频平均值图

　　同理,根据《成功之路》(起步篇)475 个字种出现的先后顺序,抽取起始位置、中间位置和末尾位置三个阶段各 50 个生字进行字序检测,具体生字及对应《字频表》中的编号如下表 1‑12。并用 SPSS 单因素组间方差分析,统计《起步篇》前中后三个阶段的生字使用频率是否存在显著差异。

表 1‑12　《起步篇》选字的阶段分布

字序	生字	编号	字序	生字	编号	字序	生字	编号
1	你	83	21	典	953	41	妈	592
2	好	84	22	地	17	42	姐	944
3	我	14	23	图	387	43	和	13
4	叫	313	24	笔	961	44	做	251
5	是	3	25	本	92	45	工	62
6	吗	488	26	有	7	46	作	37
7	他	19	27	没	114	47	妹	1109
8	不	4	28	支	478	48	夫	550
9	们	22	29	个	15	49	全	127
10	她	160	30	两	131	50	弟	880
11	老	163	31	张	318	214	周	482
12	师	428	32	什	183	215	末	980
13	您	927	33	么	80	216	公	203
14	学	33	34	家	51	217	挤	1498
15	生	20	35	照	454	218	打	248
16	也	31	36	片	515	219	辆	1710
17	这	9	37	几	199	220	借	951
18	的	1	38	谁	662	221	发	34
19	书	351	39	哥	840	222	题	235
20	词	667	40	爸	869	223	喂	1771

字序	生字	编号	字序	生字	编号	字序	生字	编号
224	些	107	247	系	151	432	冬	1033
225	帮	750	248	事	99	433	刮	2251
226	食	538	249	舒	1546	434	乡	709
227	堂	925	250	服	435	435	雪	975
228	馆	1161	251	医	712	436	暖	1408
229	看	100	252	院	507	437	凉	1444
230	视	457	253	定	77	438	菜	959
231	或	193	254	小	66	439	当	102
232	者	140	255	留	618	440	辣	2022
233	跟	484	256	般	438	441	较	317
234	屋	829	257	休	1114	442	清	348
235	聊	2369	258	息	559	443	淡	1241
236	常	186	259	逛	3013	444	尝	1787
237	想	115	260	园	987	445	甜	1696
238	写	442	261	从	87	446	咸	2483
239	信	306	262	说	29	447	酸	732
240	影	350	263	到	24	448	假	777
241	票	1312	426	风	305	449	算	443
242	考	548	427	穿	771	450	旅	1183
243	试	659	428	季	862	451	俩	1394
244	复	430	429	春	644	452	胜	757
245	能	38	430	夏	930	453	古	505
246	关	136	431	秋	1004	454	迹	1218

字序	生字	编号	字序	生字	编号	字序	生字	编号
455	为	18	462	湿	1226	469	树	518
456	化	89	463	润	1191	470	叶	698
457	商	362	464	父	727	471	相	130
458	城	490	465	母	584	472	坏	776
459	干	265	466	亲	396	473	糟	2053
460	燥	1989	467	放	247	474	糕	2613
461	海	209	468	迟	1482	475	池	1345

表 1–13　单因素组间方差分析推断统计表

ANOVA

字频

组内	平方和	自由度	均方	F	显著性
组间	10 242 268.893	2	5 121 134.447	16.372	0.000
组内	45 980 522.280	147	312 792.669		
总计	56 222 791.173	149			

表 1–14　单因素组间方差分析事后差异检验表

多　重　比　较

因变量：字频

塔姆黑尼

(I)阶段	(J)阶段	平均值差值 (I－J)	标准误差	显著性	95% 置信区间 下 限	95% 置信区间 上 限
1.00	2.00	－ 308.760 00*	101.503 14	0.010	－ 556.698 4	－ 60.821 6
	3.00	－ 639.940 00*	103.517 30	0.000	－ 892.883 3	－ 386.996 7

续 表

(I)阶段	(J)阶段	平均值差值（I−J）	标准误差	显著性	95% 置信区间	
					下 限	上 限
2.00	1.00	308.760 00*	101.503 14	0.010	60.821 6	556.698 4
	3.00	− 331.180 00*	128.516 15	0.034	− 643.378 7	− 18.981 3
3.00	1.00	639.940 00*	103.517 30	0.000	386.996 7	892.883 3
	2.00	331.180 00*	128.516 15	0.034	18.981 3	643.378 7

＊. 平均值差值的显著性水平为 0.05。

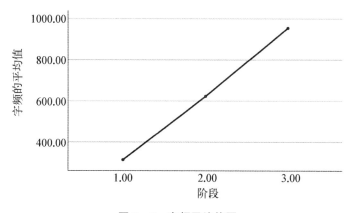

图 1-6 字频平均值图

从上表 1-13 可以看出，《起步篇》各阶段生字使用频率差异达到显著水平（F(2,147) = 16.372，p＜0.05）。由表 2-14 事后差异检验表可知，教材第二阶段和第一阶段的字频之差是 308.76，第三阶段和第一阶段的字频之差是 639.94，第三阶段和第二阶段的字频之差是 331.18，并且以上三组的字频之差都达到显著水平（p＜0.05）。结合图 1-6 可看出，《起步篇》的字序与字频成正相关，同时教材的前中后三个阶段字频差异显著。

与《入门篇》相比，《起步篇》在字序的安排上更加科学、合理，根据字频高低分阶段地循序编排，教材编排的顺序性较为理想，值得国际中文教材借鉴。

1.3.2　小学《语文》字序统计分析

根据《语文》（一上）300 个字种出现的先后顺序，我们同样抽取了起始位置、中间位置和末尾位置三个阶段各 50 个生字进行字序检测，具体生字及对应《字频表》

中的编号如下表 2－15。SPSS 单因素组间方差分析统计教材不同阶段字频高低情况如下：

表 1－15　《语文》(一上)选字的阶段分布

字序	生字	编号	字序	生字	编号	字序	生字	编号
1	天	88	22	月	262	43	马	293
2	地	17	23	水	112	44	土	433
3	人	8	24	火	444	45	不	4
4	你	83	25	山	213	46	画	519
5	我	14	26	石	401	47	打	248
6	他	19	27	田	706	48	棋	2121
7	一	2	28	禾	2853	49	鸡	1163
8	二	135	29	对	36	50	字	460
9	三	117	30	云	683	126	听	324
10	四	197	31	雨	783	127	无	144
11	五	260	32	风	305	128	声	234
12	上	10	33	花	327	129	去	69
13	下	46	34	鸟	1173	130	还	76
14	口	238	35	虫	792	131	来	12
15	耳	952	36	六	449	132	多	54
16	目	274	37	七	485	133	少	205
17	手	168	38	八	398	134	黄	541
18	足	511	39	九	415	135	牛	772
19	站	576	40	十	105	136	只	118
20	作	37	41	爸	869	137	猫	1611
21	日	169	42	妈	592	138	边	332

字序	生字	编号	字序	生字	编号	字序	生字	编号
139	鸭	1902	162	林	407	260	弟	880
140	苹	2191	163	森	1223	261	叔	1142
141	果	182	164	条	206	262	爷	815
142	杏	2261	165	心	94	263	群	427
143	桃	1650	166	升	814	264	竹	1309
144	书	351	167	国	25	265	牙	1045
145	包	432	168	旗	1328	266	用	42
146	尺	1353	169	中	16	267	几	199
147	作	37	170	红	424	268	步	322
148	业	101	171	歌	790	269	为	18
149	本	92	172	起	68	270	参	528
150	笔	961	173	么	80	271	加	153
151	刀	1202	174	美	237	272	洞	1100
152	课	887	175	丽	1003	273	乌	1413
153	早	480	251	向	158	274	鸦	2328
154	较	317	252	和	13	275	处	269
155	明	129	253	贝	1373	276	找	527
156	力	91	254	娃	1714	277	办	382
157	尘	1720	255	挂	1150	278	旁	905
158	从	87	256	活	137	279	许	321
159	众	422	257	金	294	280	法	82
160	双	635	258	哥	840	281	放	247
161	木	611	259	姐	944	282	进	74

字序	生字	编号	字序	生字	编号	字序	生字	编号
283	高	104	289	芽	1578	295	变	164
284	住	341	290	爬	1262	296	工	62
285	孩	562	291	呀	600	297	厂	520
286	玩	1113	292	久	700	298	医	712
287	吧	481	293	回	208	299	院	507
288	发	34	294	全	127	300	生	20

表 1-16　单因素组间方差分析推断统计表

ANOVA

字频

	平方和	自由度	均方	F	显著性
组间	907 323.213	2	453 661.607	1.452	0.237
组内	45 913 315.160	147	312 335.477		
总计	46 820 638.373	149			

表 1-17　单因素组间方差分析描述统计表

描　述

字频

阶　段	个案数	平均值	标准偏差
1.00	50	431.300 0	524.927 02
2.00	50	586.020 0	615.577 43
3.00	50	604.920 0	531.528 44
总　计	150	540.746 7	560.564 42

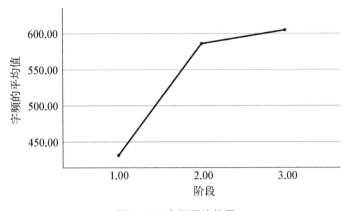

图 1‐7　字频平均值图

表 1‐16 显示方差齐性结果未达到显著水平($p = 0.237 > 0.05$),说明《语文》(一上)各阶段字频之差未达到显著水平,即教材前中后三个阶段的生字字频差异不明显。通过表 1‐17 可以看出,《语文》(一上)第一阶段(字序排列靠前)的字频平均值最低为 431.30;第三阶段(字序排列靠后)的字频平均值最高为 604.92。上文已提到,数值越低表示汉字使用频率越高,说明《语文》(一上)在生字编排的前中后三个阶段基本符合先识高频字后识低频字的识字规律。从图 1‐7 也可看出虽然教材的字频总体上随着字序变化呈上升趋势,但第二阶段和第三阶段的曲线变化较为平缓,说明字频差异变化不大。

《语文》(一下)共计 400 个字种,同理,根据生字出现的先后顺序,抽取起始位置、中间位置和末尾位置三个阶段各 50 个生字进行字序检测,具体生字及对应《字频表》中的编号如下表 1‐18。SPSS 单因素组间方差分析统计教材不同阶段字频高低情况如下:

表 1‐18　《语文》(一下)选字的阶段分布

字序	生字	编号	字序	生字	编号	字序	生字	编号
1	霜	2147	6	游	696	11	李	539
2	吹	1233	7	池	1345	12	张	318
3	落	471	8	入	236	13	古	505
4	降	725	9	姓	1293	14	吴	1084
5	飘	1543	10	氏	1216	15	赵	1022

字序	生字	编号	字序	生字	编号	字序	生字	编号
16	钱	621	39	互	609	187	眉	1487
17	孙	976	40	令	647	188	鼻	1330
18	周	482	41	动	44	189	嘴	841
19	王	409	42	万	397	190	脖	1986
20	官	645	43	纯	1044	191	臂	1774
21	清	348	44	净	1269	192	肚	1549
22	晴	2072	45	阴	1090	193	腿	1201
23	眼	287	46	雷	1121	194	脚	704
24	睛	851	47	电	189	195	蜻	3269
25	保	309	48	阵	923	196	蜓	3323
26	护	654	49	冰	997	197	迷	1160
27	害	631	50	冻	1673	198	藏	977
28	事	99	176	座	854	199	造	256
29	情	132	177	浇	2519	200	蚂	2375
30	请	614	178	提	192	201	蚁	1991
31	让	506	179	洒	2100	202	食	538
32	病	385	180	挑	1275	203	粮	1011
33	相	130	181	兴	465	204	蜘	2788
34	遇	990	182	镜	956	205	蛛	2513
35	喜	665	183	拿	636	206	网	1260
36	欢	751	184	照	454	207	圆	878
37	怕	705	185	千	470	208	严	517
38	言	370	186	裙	2347	209	寒	1165

续　表

字序	生字	编号	字序	生字	编号	字序	生字	编号
210	酷	1990	357	治	276	379	拦	2202
211	暑	2623	358	燕	1685	380	领	315
212	凉	1444	359	别	201	381	壁	1111
213	晨	1540	360	干	265	382	墙	1175
214	细	431	361	然	72	383	蚊	2471
215	朝	673	362	奇	766	384	咬	1576
216	霞	2111	363	颗	1438	385	断	414
217	夕	2033	364	瓢	3379	386	您	927
218	杨	926	365	碧	2207	387	拨	1622
219	操	1138	366	吐	1579	388	甩	2423
220	场	259	367	啦	739	389	赶	861
221	拔	1483	368	咕	2133	390	房	567
222	拍	1174	369	咚	2787	391	傻	2240
223	跑	744	370	熟	866	392	转	345
224	踢	2295	371	掉	891	393	卫	796
225	铃	1851	372	吓	1601	394	刷	1779
351	票	1312	373	羊	1257	395	梳	2710
352	交	336	374	鹿	2054	396	巾	2096
353	弓	2313	375	逃	1326	397	擦	1481
354	甘	1541	376	命	222	398	皂	2754
355	棉	1255	377	象	147	399	澡	2776
356	娘	719	378	野	892	400	盆	1518

表 1－19　单因素组间方差分析推断统计表

ANOVA

字频

组内	平方和	自由度	均方	F	显著性
组间	12 949 755.253	2	6 474 877.627	12.190	0.000
组内	78 079 864.720	147	531 155.542		
总计	91 029 619.973	149			

表 1－20　单因素组间方差分析事后差异检验表

多　重　比　较

因变量：字频

塔姆黑尼

(I)阶段	(J)阶段	平均值差值(I－J)	标准误差	显著性	95% 置信区间	
					下　限	上　限
1.00	2.00	－ 637.360 00*	132.448 17	0.000	－ 960.380 4	－ 314.339 6
	3.00	－ 608.200 00*	137.542 50	0.000	－ 943.865 3	－ 272.534 7
2.00	1.00	637.360 00*	132.448 17	0.000	314.339 6	960.380 4
	3.00	29.160 00	165.161 15	0.997	－ 372.072 1	430.392 1
3.00	1.00	608.200 00*	137.542 50	0.000	272.534 7	943.865 3
	2.00	－ 29.160 00	165.161 15	0.997	－ 430.392 1	372.072 1

＊. 平均值差值的显著性水平为 0.05。

从上述表 1－19 可以看出，《语文》（一下）各阶段生字使用频率差异达到显著水平（F(2,147)＝12.190,p＜0.05）。由表 2－20 事后差异检验表可知，教材第二阶段和第一阶段的字频之差是 637.36，第三阶段和第一阶段的字频之差是 608.20，以上两组的字频之差都达到显著水平（p＜0.05）。结合图 1－8 平均值图可看出，《语文》（一下）第一阶段和第二阶段字序与字频差异显著，第二阶段字频的平均值最高，甚至高于第三阶段，说明第三阶段生字的使用频率低于前一阶段。对比《语文》一年级上下两册，下册在生字字序的分布合理性上有待改进。

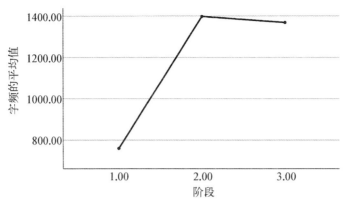

图 1-8　字频平均值图

1.3.3　字序比较分析

上文我们已经通过 SPSS 单因素组间方差分析方法分别对《成功之路》和小学《语文》两套教材不同阶段生字的编排顺序进行了详细分析，我们对其输出结果中的平均值进行汇总，可进一步比较两套教材的字序分布情况，具体数据详见以下图表：

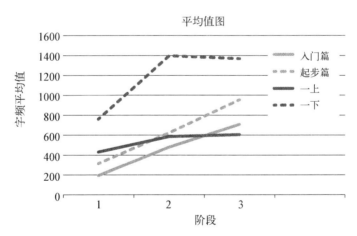

图 1-9　两套教材在三个阶段的字频平均值情况

表 1-21　两套教材在三个阶段的字频平均值情况

阶段 \ 教材	《成功之路》		小学《语文》	
	《入门篇》	《起步篇》	《一上》	《一下》
1	192.80	314.22	431.30	760.16
2	479.80	622.98	586.02	1 397.52

教材 阶段	《成功之路》		小学《语文》	
	《入门篇》	《起步篇》	《一上》	《一下》
3	708.00	954.16	604.92	1 368.36
总　计	460.20	630.45	540.75	1 175.34

上述图表显示,《成功之路》入门篇和起步篇都遵循了生字由高频到低频的编排规律,在教材的前中后三个阶段,依次有重点地安排了使用频率不同的汉字。并在高频优先的基础上,尽量先学使用频率高的汉字,再学使用频率相对低的汉字。根据克拉申的"i＋1"输入假说理论,输入的语言水平应控制在 i＋1 程度上,学习者才能从 i 阶段(i 表示当前的语言水平)发展到 i＋1 阶段(i＋1 表示下一阶段达到的水平)。字序分布科学、难度合理的汉字可以增加输入的可理解性。体现了教材的字序编排遵循由高频至低频、循序渐进的原则。

相比之下,虽然小学《语文》(一上、下)教材的前两个阶段同样根据字频高低原则确定生字编排顺序,但一下第三阶段的字频平均值分布呈下降趋势,一上第三阶段的字频平均值也并未显著上升。

另外,由图可知,入门篇和起步篇教材各阶段的字频平均值均在 1 000 以内,且两册教材平均值差距较小(两条线接近平行)。而《语文》上下册教材第一阶段的字频平均值均大于《成功之路》,且《一下》的字频平均值远大于《一上》及《成功之路》入门篇和起步篇。由此可见,《语文》(一下)低频汉字出现比例更高,生字难度较大。

受多种因素制约,两套教材字序的阶段性分布存在明显差异,主要原因可能是:

一方面,本文所参照的字频标准是《现代汉语语料库汉字频率表》,而小学《语文》是面向中国小学生的教材,从一年级学生的心理和认知特点出发,现代汉语常用字并不一定是儿童常用字。小学《语文》一年级教材所选用的生字更符合儿童语言水平和生活经验,因此《频率表》中的低频字一定程度上可能是儿童用语中的高频字。

另一方面,与汉语基础为零的二语学习者相比,国内小学生在入学前已掌握一定的汉语听说能力,因此《语文》第一阶段的字频平均值比《成功之路》大,即生字难度更大,反映了汉语母语学习者与汉语二语学习者学习生字难度的不同。这也是国际中文教材与小学语文教材在字序编排上产生差异的原因之一。

第 2 章　汉字基础知识

2.1　汉 字 笔 画

2.1.1　笔画编写顺序比较

笔画是构成汉字的最小结构单位。现代汉字中,大多数汉字由多种笔画构成。每种笔画都有基本的形状,叫作笔形。对于零基础留学生和一年级小学生来说,笔画学习是汉字教学的基础,也是汉字书写的起点。

《成功之路》把笔画教学集中于《入门篇》第三课至第五课,共安排了 18 种笔画学习。其中第三课系统地介绍了"横""竖""撇""捺""点""提"6 种基本笔画,第四课和第五课分别介绍了 6 种复合笔画。

《语文》(一上)安排了 22 种笔画,笔画教学贯穿于整册教材中。其中第二课介绍了"横"和"竖"两种基本笔画,后面三课接着介绍了"撇""捺""点""提"4 种基本笔画和"横折""弯钩"两种复合笔画。在后面的课文中,共介绍了 14 种复合笔画。《语文》(一下)又补充安排了 5 种复合笔画。

我们对两套教材中的汉字笔画编写顺序进行了整理,具体详见下表 2-1:

表 2-1　汉字笔画编写顺序对比

《成功之路》(入门篇)				一年级《语文》(上、下册)			
序号	笔画	名　称	例字	序号	笔画	名　称	例字
1	一	横	木	1	一	横	开 土
2	丨	竖	木	2	丨	竖	中 土
3	丿	撇	木	3	㇕	横折	口 五
4	㇏	捺	木	4	丿	撇	天 禾
5	丶	点	门	5	㇆	弯钩	了 手
6	㇀	提	我	6	㇏	捺	人 尺

《成功之路》（入门篇）				一年级《语文》（上、下册）			
序号	笔画	名　称	例字	序号	笔画	名　称	例字
7	一	横钩	你	7	丶	点	头 下
8	亅	竖钩	丁	8	㇀	提	虫 把
9	㇆	横折	日	9	乚	撇折	去 东
10	㇄	竖折	山	10	㇄	竖折	山 牙
11	㇆	横折钩	门	11	㇇	横撇	子 水
12	乁	横折弯钩	九	12	㇆	横折钩	力 月
13	㇇	横撇	水	13	乚	竖弯钩	儿 巴
14	∠	撇折	云	14	亅	竖钩	小 可
15	〈	撇点	女	15	㇄	竖弯	四 西
16	㇗	竖提	衣	16	〈	撇点	女
17	㇙	横折提	语	17	㇅	竖折折钩	马 鸟
18	㇉	竖折折钩	马	18	㇃	卧钩	心
				19	乀	斜钩	我
				20	㇙	竖提	长 比
				21	一	横钩	你
				22	乁	横折弯钩	几
				23	乀	横斜钩	风 飞
				24	㇙	横折提	请
				25	㇌	横折弯	没
				26	㇋	横折折撇	过
				27	㇊	横撇弯钩	阳

　　虽然《成功之路》和《语文》都把笔画教学主要安排在教材第一册，同时也把基本笔画教学放在笔画学习的最前端，都体现了两套教材对基本笔画的重视。但从上表可以看出，两套教材对于复合笔画的教授与选择差异较大。《成功之路》介绍了 18 种笔画，《语文》介绍了 27 种笔画，后者的笔画类型能够完全覆盖前者的笔画类型。两套教材相差 9 种笔画，这 9 种笔画分别是"弯钩""竖弯钩""竖弯""卧钩"

"斜钩""横斜钩""横折弯""横折折撇"和"横撇弯钩",都属于派生的复合笔画。这也反映了传统语文教学比国际中文教学更加重视汉字书写,母语儿童的汉字书写要求也远大于外国留学生。

识字写字作为小学语文的教学重点,小学生需在一年级阶段认识各种笔画名称和形状,并能正确书写基本笔画和复合笔画,为后面的汉字书写训练打下基础。而对于二语学习者来说,学习汉语的主要目的是培养运用汉语进行交际的能力,汉字书写并非学习重点,因此过多的复合笔画教学也容易造成汉字难学难记的印象。

2.1.2 笔画呈现方式比较

《成功之路》和小学《语文》两套教材都教授了笔画,但二者在笔画的呈现方式上截然不同。《成功之路》详细展示了笔画的名称和书写方法,其中笔画名称以拼音方式呈现,笔画的写法主要通过箭头的方式强调其运笔方向,形象直观,便于初级阶段的学习者理解和接受。此外,教材在每个笔画后都给出了相应的例字,并用不同颜色突出强调该笔画,同时使用英文对笔画进行说明。具体见下图2-1:

笔画 Stroke	名称 Name	书写方法 Way to write	例子 Example	说明 Explanation
一	héng	→	木 wood	The horizontal stroke is written from left to right, as the first stroke of "木".
丨	shù	↓	木 wood	The vertical stroke is written from top downward to bottom, as the second stroke of "木".
丿	piě	丿	木 wood	The downward-left stroke is written from top to bottom-left, as the third stroke of "木".
㇏	nà	㇏	木 wood	The downward-right stroke is written from top to bottom-right, as the fourth stroke of "木".
丶	diǎn	丶	门 gate	The dot is written from top to bottom-right, as the first stroke of "门".
㇀	tí	㇀	我 I	The upward stroke is written from bottom-left to top-right, as the fourth stroke of "我".

图 2-1 《成功之路》笔画呈现方式图例

相比之下,《语文》的笔画呈现方式较为简单,如下图2-2所示。对于首次出现的笔画,教材将在田字格左上角处用醒目的红色标记,旨在提醒学生注意汉字书写中的新笔画。另外,《语文》(一上)的附录《常用笔画名称表》总结了写字表中常用的22个笔画名称和例字,而《语文》(一下)并未在附录中对5种笔画进行总结。

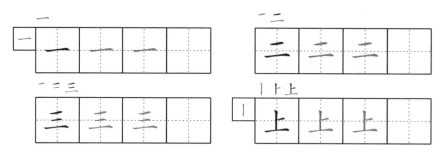

图 2 - 2　《语文》笔画呈现方式图例

综合两套教材的笔画知识可以得出：

(1)《成功之路》主要采取集中教授笔画知识。《入门篇》用 3 课教授 18 种笔画知识,对于刚刚接触汉字的学习者来说,这样大量的笔画学习容易造成识记的负担,学习强度较大。《语文》则分课教授笔画,笔画学习贯穿一上整册教材,学生每课最多学习 3 个新笔画。相比而言,每课学习 1—3 个新笔画有效缓和了笔画学习进度,更利于学生掌握。

(2)《成功之路》在入门篇的三至五课后设置了笔画学习板块,并通过表格的形式对 6 种新笔画及名称等加以归纳,尤其介绍了相应的运笔方向,让学习者对新笔画有了全面了解。整个表格编排系统性较强,符合成年学生的认知特点。《语文》并未对首次出现的笔画进行详细介绍和归纳,根据皮亚杰的认知发展理论,一年级学生正处于前运算阶段(2—7 岁)到具体运算阶段(7—11 岁)的过渡阶段,归纳能力较弱,因而学生主要通过教师在课堂上对新笔画的介绍和讲解掌握笔画的学习,教材中简洁的笔画呈现方式更符合一年级儿童的认知特点。

(3)《成功之路》结合例字教授笔画,所选取的例字并不一定具有典型特点。例如在学习笔画"提"时,教材给出的例字是笔画较复杂的"我",实际上对入门阶段的学生来说启示作用并不大,也加大了笔画教学的难度。而《语文》结合每课要求"会写"的生字,教授本课生字中的新笔画,如第二课生字"一"的横,"上"的竖,第三课生字"口"的横折等。教材将生字教学与笔画教学紧密联系,引导学生在生字学习中认识笔画名称,学习笔画书写方式,突出了汉字笔画与整字间的联系。

2.2　汉　字　笔　顺

2.2.1　笔顺编写顺序比较

汉字的笔顺是"按汉字笔画和结构特点约定俗成的,是书写汉字的人长期实践的经验总结"(齐沪扬,2007)。由于笔顺的书写是一个动态的过程,万业馨(2004)提出一些老师和留学生往往不重视笔顺,他们认为只要最后呈现的汉字字形完整无误,就不会考虑书写过程是否正确按照笔顺规则。不规范的笔顺书写也容易产生笔画丢失、误加等偏误。因此,教师在汉字教学中引导学生主动认识笔顺规则,可以帮助学习者掌握汉字的书写规律,同时减少书写错误的频率。

《成功之路》在入门篇第六课"学汉字"栏目中介绍了 7 种笔顺规则:先横后竖、先撇后捺、先左后右、先上后下、先外后内、先外后里再封口、先中间后两边。笔顺规则使用英文编写,每条规则前教材都给出了相应例字及笔顺示意图。

《语文》(一上)分别在语文园地一、五和八的"书写提示"栏目中共介绍 6 条笔顺规则:从上到下、先横后竖、从左到右、先撇后捺、先中间后两边和先外后内。《语文》(一下)补充介绍了 4 条笔顺规则,循序渐进较为缓和。

两套教材的笔顺编写顺序如下所示:

表 2‐2　汉字笔顺编写顺序对比

《成功之路》(入门篇)		一年级《语文》(上、下册)	
规　　则	例字	规　　则	例字
Horizontal before vertical	十	从上到下	二 三
Downward-left before downward-right	人	先横后竖	十 禾
From left to right	妈	从左到右	儿 林
From top to bottom	云	先撇后捺	本 天
From outside to inside	月	先中间后两边	小 水
Outside before inside, and then closing	日	先外后内	月 问
Middle before two sides	小	先外后内再封口	白 回 国
		点在正上方或左上方,先写点	主 门
		点在右上方,后写点	书 我
		左上包围和右上包围的字先外后内	床 左 居 包

具体特点表现为:

(1) 小学《语文》的前 7 条笔顺规则和《成功之路》(入门篇)较为一致,并且符合现行通用的 7 条楷书笔顺规则,即教材的笔顺编写内容都具有规范性和科学性。此外,两套教材所采用的例字多有相同,如先横后竖的"十",先外后内的"月",先中间后两边的"小",且例字笔画较少,多以独体字为主,实用性较强。

（2）虽然上述教材都包含 7 条笔顺规则,但编写的顺序并不相同。《成功之路》首先教授"先横后竖"和"先撇后捺"两种笔顺规则。"汉字基本笔画中出现频率最高的,依次为横、竖、撇、点、捺。"（万业馨,2012）。教材把最常用的笔画间关系置于笔顺规则的首位,可以帮助学生掌握汉字的常用笔顺规则。

（3）两套教材的编写课时不同。翻检教材,可见到《成功之路》仅在《入门篇》第六课集中教授了 7 种笔顺规则,其余课文中未出现笔顺规则的内容。小学《语文》则采用分课教授笔顺规则的方式,笔顺教学贯穿整个小学一年级的语文课程。一方面,与国内的汉字书写教学相比,国际中文教学中的书写教学安排时间较短。另一方面,国际学生大多以成人为主,教材有意识地将常用笔顺规则进行归纳总结,并安排于同一课时讲授,有利于他们对整个笔顺体系有较为明确的认识。

（4）两套教材的笔顺规则数量不同。小学《语文》比《成功之路》增加了三条补充笔顺规则,且安排于下册教授,减轻了学生的学习负担。《入门篇》作为基础阶段的教材,若要求学生掌握每一种补充规则,以求涵盖所有汉字笔顺,既不现实,也不科学。只有结合二语学习者的学习需求,适量安排汉字教学内容,才能有效指导笔顺教学。

2.2.2　笔顺呈现方式比较

《成功之路》和《语文》都在田字格上方详细呈现了汉字的笔顺。《成功之路》用黑色展示汉字的书写笔顺,并在生字右侧用数字和英文说明笔画数。学习者可以观察田字格中的范字,然后根据上方的笔顺规则提示,在空白田字格中进行书写。如下图 2 – 3:

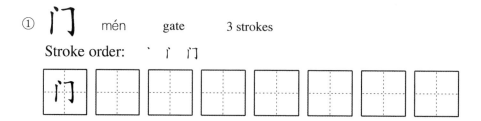

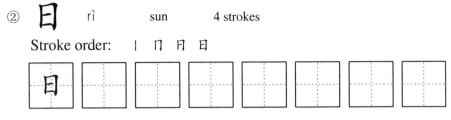

图 2-3 《成功之路》笔顺呈现方式图例

《语文》在笔顺呈现方式上,以灰色为底色,同时采用显眼的红色凸显汉字的笔顺。该设计醒目直观,学生可以清晰地观察生字的笔顺规则,并按照正确规则逐笔书写汉字。

与《成功之路》相比,《语文》在每个范字后增设了描红练习,对于初学写字的儿童来说,描红练习可以帮助学生熟悉每种笔画,减少书写错误。与此同时,学生也可以初步感知每个汉字的间架结构。描红之后学生可在空白的田字格中进行独立书写。如下图 2-4:

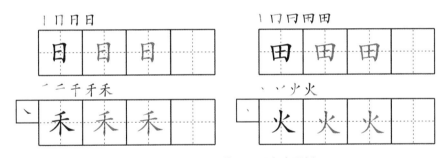

图 2-4 《语文》笔顺呈现方式图例

另外,我们还发现《成功之路》仅在入门篇呈现了汉字的书写顺序,《起步篇》汉字练习中均未出现笔顺的提示,小学《语文》(一下)也不再详细提供生字的书写笔顺。虽然《入门篇》和《语文》(一上)十分重视笔顺规则的教学,但当学习者掌握笔顺的基本规则后,学生应逐渐摆脱对教材笔顺提示的依赖,在教师的指导下灵活运用笔顺规则,提高书写效率。

2.3 汉字偏旁

2.3.1 偏旁编写顺序比较

偏旁是合体字的结构单位。偏旁是汉字体系中最重要的结构单位,以偏旁为纲推展汉字教学,可收纲举目张之效。(李大遂,2002)《成功之路》和《语文》两套教材也都采用了传统的偏旁分析法教授汉字。

《成功之路》(入门篇)没有引入偏旁的相关概念,这是因为教材中出现的 50 个汉字全部为独体字。《起步篇》共 28 课,其中 22 篇课文介绍了相关偏旁知识,每课"学汉字"部分列举了 1—3 个偏旁,《起步篇》共安排了 42 个(包括同形异体的结构)汉字偏旁内容。

《语文》(一上)第一单元(识字)和第二单元(拼音)主要以独体字和拼音学习为主,因此也未安排汉字偏旁知识的学习。从第三单元(课文)开始,教材逐渐引入偏旁的学习。一上和一下分别介绍了 36 种和 28 种偏旁。除个别课文未安排汉字偏旁学习外,其余课文介绍 1—3 个偏旁,全册共安排了 62 个汉字偏旁内容。

我们对两套教材的偏旁编写顺序进行了整理,如下表所示:

表 2-3　汉字偏旁编写顺序对比

《成功之路》(起步篇)				一年级《语文》(上、下册)			
序号	偏旁	名　称	例　字	序号	偏旁	名　称	例　字
1	亻	单人旁	你 他 们	1	木	木字旁	树 桃
2	口	口字旁	叫 吗	2	口	口字旁	叶 吗
3	女	女字旁	她 好	3	人	人字头	会 全
4	囗	国字框	四 图 国	4	门	门字框	闪 问
5	辶	走之底	这 进 道	5	氵	三点水	江 洞
6	竹	竹字头	笔	6	艹	草字头	莲 芽
7	讠	言字旁	词 谁	7	讠	言字旁	说 课
8	宀	宝盖头	家	8	虫	虫字旁	蛙
9	人	人字头	全	9	夂	折文	夏 冬
10	阝	右耳旁	都	10	辶	走之	远 边
11	日	日字旁	昨 明 星	11	勹	斜刀头	色 兔
12	月	月字旁	期	12	犭	反犬旁	猫 狗
13	礻	示字旁	祝 礼	13	鸟	鸟字边	鸭 鹅
14	目	目字旁	睡	14	勹	包字头	包 句

续　表

《成功之路》（起步篇）				一年级《语文》（上、下册）			
序号	偏旁	名　称	例　字	序号	偏旁	名　称	例　字
15	刂	立刀旁	刻	15	亻	单人旁	作们
16	灬	火字底	照热点	16	竹	竹字头	笔笑
17	彳	双人旁	很行街	17	日	日字旁	明晚
18	广	广字头	床店座	18	囗	国字框	国回
19	朩/木	木字旁	楼校桌架	19	纟	绞丝旁	红绿
20	扌	提土旁	地墙	20	宀	宝盖	它家
21	户	户字头	房	21	女	女字旁	好妹
22	饣	食字旁	饭饺	22	月	月字旁	朋
23	氵	三点水	没汉酒河	23	扌	提手旁	把挂
24	钅	金字旁	钱银	24	八	八字头	公
25	纟	绞丝旁	给红绿	25	冖	秃宝盖	写
26	艹	草字头	茶苹蕉	26	灬	四点底	点
27	忄	竖心旁	快忙	27	彡	三撇	彩影
28	走	走字底	起超	28	穴	穴宝盖	空穿
29	穴	穴字头	空窗	29	刂	立刀	到
30	扌	提手旁	打换找	30	目	目字旁	睡
31	𧾷	足字旁	路	31	亠	京字头	亮高
32	尸	尸字头	屋尾	32	彳	双人旁	得很
33	阝	左耳旁	院	33	忄	竖心旁	快
34	心	心字底	您想息	34	禾	禾木旁	和秋
35	攵	反文旁	教放	35	攵	反文旁	放数
36	皿	皿字底	篮	36	王	王字旁	玩
37	月	月字旁	服脑脸	37	雨	雨字头	霜雷
38	疒	病字头	病疼	38	阝	双耳旁	降都

《成功之路》(起步篇)				一年级《语文》(上、下册)			
序号	偏旁	名　称	例　字	序号	偏旁	名　称	例　字
39	页	页字旁	题颜	39	弓	弓字旁	张弯
40	欠	欠字旁	欢歌	40	走	走字底	赵赶
41	冫	两点水	准冷冰凉	41	钅	金字旁	钱铅
42	火	火字旁	烧燥	42	疒	病字旁	病
				43	又	又字旁	欢观
				48	舌	舌字旁	甜乱
				49	页	页字边	颜领
				50	土	提土旁	块场
				51	足	足字旁	跟跳
				52	孑	子字旁	孤孩
				53	ﺪﺪ	倒八	单
				54	厂	厂字头	原
				55	立	立字旁	端站
				56	米	米字旁	粽粮
				57	衤	衣字旁	裙初
				58	火	火字旁	炼炮
				59	身	身字旁	躺
				60	斤	斤字旁	新断
				61	牛	牛字旁	物
				62	大	大字头	奇牵
				63	户	户字头	房扇
				64	车	车字旁	转辆

注：表格中的"序号"表示该偏旁在课文出现的顺序。例如"亻"的序号为"1"，说明该偏旁是教材《成功之路》(起步篇)中首先出现的偏旁，也是学生学习的第一个偏旁。

可以看出,两套教材选用的汉字偏旁多数为义旁,所选用的例字一定程度上也体现了义旁表义的规律性。在偏旁学习的起始阶段,选择构字能力强、常用程度高的偏旁可以帮助学生发现汉字规律,增强认识汉字的信心。康加深(1993:70 - 82)对《现代汉语通用字表》中的 7 000 个汉字作了字形统计分析,发现其中属于形声结构的汉字有 5 631 个,占比 80.5%。该文对 5 631 个形声字进行了形符分析和计算,得出构字数量最多的前 10 个形符①,这对于我们考察两套教材的偏旁编排情况十分有效。为做进一步分析,我们将这 10 个形符与表 2 - 4 的偏旁序号比较如下:

表 2 - 4　两套教材与《通用字表》排序比较

教材 ＼ 偏旁	氵	艹	口	扌	木	钅	亻	虫	讠	土
《字表》排序	1	2	3	4	5	6	7	8	9	10
《成功》排序	23	26	2	31	19	24	1		7	20
《语文》排序	5	6	2	23	1	41	15	8	7	50

由上表可知,在构字数最多的前 10 个偏旁中,《语文》(一上)将其中 6 个编排在教材偏旁学习的前十位置,这 6 个偏旁分别是:氵(三点水)、艹(草字头)、口(口字旁)、木(木字旁)、虫(虫字旁)和讠(言字旁)。这 6 个偏旁分布于课文单元的前四课。在《成功之路》(起步篇)中,仅有 3 个偏旁编排于教材前十位置,分别为:口(口字旁)、亻(单人旁)和讠(言字旁),学生在前三课的学习中可认识这些偏旁。此外,《起步篇》未收录虫字旁,这可能和《大纲》中带有虫字旁的甲级字和甲级词较少有关。

通过上述比较,可以初步得出结论:《语文》在编排偏旁顺序时考虑了高频优先的原则,优先安排构字能力强的偏旁,很容易引起一年级学生的注意。教师也可鼓励学生积累常用偏旁,有效指导偏旁教学。相比之下,《成功之路》编写时未充分考虑零基础学习者的学习需求,起始阶段的偏旁学习总体难度偏大,构字程度不高。

万业馨(2012:256 - 257)统计了《大纲》中构字数最多的前 10 个意符,分别为:

---

① "形符"是根据字源分析所确定的表义部件。部件与偏旁是两个既有联系又有区别的概念,偏旁是构成合体字的一级部件。经核对,康文中的 10 个形符都有对应的偏旁名称。由于两套教材使用的是"偏旁"术语,因此下文我们统一使用"偏旁"。

扌、氵、口、木、亻、忄、讠、艹、纟和土,该统计结果和上述康文具有较高的相似性。而《成功之路》依然仅占三个偏旁,《大纲》中构字数居于首位的"扌"(提手旁)在《起步篇》上册最后一课才出现,学生无法在起步阶段尽早学会最常用的偏旁,容易产生负面影响。

虽然重视偏旁的常用程度是教材编写的重要原则,但不是唯一原则,尤其对于以语言交流为主的《成功之路》来说,教材重视传授语言技能的同时可能无法全面顾及汉字偏旁的常用程度。在这种情况下,国际学生对常用偏旁的理解常常取决于偏旁的复现率和编排的先后顺序。《语文》在偏旁编写过程中较为严谨,字字斟酌,这一做法值得《成功之路》借鉴。

2.3.2　偏旁呈现方式比较

《成功之路(起步篇)》主要以表格方式介绍新偏旁,每课的偏旁呈现方式各有特色。第一课和第二课的偏旁教学主要根据汉字结构来编排。如下图 2-5 所示,第一课的"亻(单人旁)""口(口字旁)"和"女(女字旁)"常用于左右结构的汉字。第二课的"囗(国字框)"和"辶(走之)"常用于四面包围和两面包围的汉字。而第八课的偏旁教学则涉及汉字的声旁和形旁,教材讲授了"木、户"两个形旁,让学生在汉字"楼、架、房"中体会形旁的作用。

偏旁 Radical	名称 Name	例字 Example	说明 Explanation
亻	dānrénpáng	你 他 们	related to "person"
口	kǒuzìpáng	叫 吗	related to "mouth"
女	nǚzìpáng	她 好	related to "female"

图 2-5　《成功之路》偏旁呈现方式图例

当然,也有一些偏旁是根据其表义功能来编排的。如第五课的主题是生日时间,教材介绍偏旁"日、月"时用英文说明了与时间有关,同时选取了"昨、明、期"作为例字便于学生理解。第九课的主题是食物,教材也引入了"饣"和"氵"两个偏旁,学生可以在例字"饭、饺、酒"的学习中加深印象。编写教材时,有意识地将意义类似的偏旁集中呈现,同时优先选择与偏旁义类相关的例字,可以引导学生进行比较和分析,偏旁的作用便会显现出来。

《语文》主要借助偏旁表义同时辅以插图解释来编排汉字。例如《语文》(一上)第一课教授了木字旁,在此学生已学过汉字"木",教师可以引导学生理解例字"树"

的意思。另一方面,课文插图描绘了树叶等事物,图文并茂的呈现方式也可以让学生对偏旁有更加清晰的认知,提高学生的汉字学习兴趣。如下图 2－6 所示:

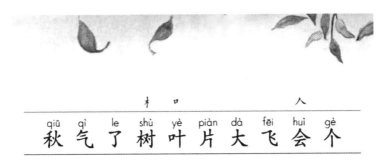

图 2－6　《语文》偏旁呈现方式图例

　　此外,在偏旁名称方面,两套教材对于相同偏旁的命名不同。我们以中国社科院语言研究所所编《现代汉语词典》(第 7 版)附录中的《汉字偏旁名称表》为标准,发现除词典中未收录的偏旁以外,《语文》中的偏旁名称与该表相一致,体现了部编本语文教材偏旁编写的规范性和准确性。而《成功之路》中有 6 个偏旁名称不同于《汉字偏旁名称表》。

表 2－5　与《汉字偏旁名称表》的比较

《成功之路》(起步篇)偏旁知识				《汉字偏旁名称表》名称
序号	偏旁	课文序号	偏旁名称	
1	辶	2	走之底	走之
2	宀	3	宝盖头	宝盖
3	阝	4	右耳旁	双耳旁/右耳刀
4	阝	14	左耳旁	双耳旁/左耳刀
5	灬	6	火字底	四点底
6	广	7	广字头	广字旁

　　上表内容显示,除“灬”命名差异较大外,其余 5 个偏旁略异于《汉字偏旁名称表》。《成功之路》(起步篇)把“灬”命名为火字底,尽管偏旁“灬”最早由“火”字演变而来,但这种名称并不利于国际学生对该偏旁的理解和识记,且容易与“煲”“灸”中

的火字底相混淆。

另外,《成功之路》对于个别偏旁的书写形式编写并不规范。如《起步篇》第 27课介绍了偏旁"灬",火字旁作为偏旁最后一笔应该是点,教材收录的火字旁书写形式与汉字"火"相同,即末笔为捺,这种呈现形式显然不利于学生正确区分偏旁"灬"与汉字"火"。

偏旁 Radical	名称 Name	例字 Example	说明 Explanation
火	huǒzìpáng	烧 to burn 燥	related to "fire"

图 2-7　《成功之路》"灬"的偏旁图例

对于零起点的学生而言,他们对偏旁的了解主要是从教材的说明和教师的课堂讲授中得来的,准确的偏旁内容编写可以减轻学生的学习负担,对学生写出正确而完整的汉字也有很好的辅助作用。《成功之路》作为国际中文教材中的优秀典型,在偏旁编写方面也应紧密结合国家颁布的相关汉字规范标准,鼓励国际学生在汉字学习中形成字形规范意识。

2.4　汉　字　结　构

2.4.1　结构编写顺序比较

汉字的结构,是指汉字结构成分组合的方式。(傅永和,1991)《成功之路》将汉字的形体结构教学集于《起步篇》前四课。第一课重点介绍了左右结构和上下结构;第二课和第四课引入了包围结构的教学,并将包围结构具体分为:四面包围、两面包围(左上包围、左下包围、右上包围)和三面包围。

而一年级《语文》上、下册均未提及汉字结构方面的知识,故本节不再列述。在二年级《语文》上册中,教材才逐渐引入汉字结构的教学,这可能与儿童的年龄水平与认知特点有关。因为"小学生汉字的结构意识在一年级期末至二年级上学期开始萌发,三年级开始发展"(引自刘翔平等,2005)。

对于二语学习者来说,一方面,他们易受字母文字书写的影响,缺乏对汉字构形的认识。另一方面,相较于母语为汉语的儿童,成人具有较强的理解能力和归纳推理能力。教材在起始阶段引入汉字结构等概念,可以有意识地引导学习者了解汉字构形,发现汉字自身的规律特点。详见下表:

表 2-6 《成功之路》(起步篇)汉字结构编写顺序

课 数	结 构			例字	图 示
第 1 课	独体字			也	□
	合体字	左右结构		好	[1│2]
		上下结构		是	[1 上/下]
第 2 课	合体字	包围结构	四面包围	图 国	[四面包围 2/3]
			两面包围 ① 左上包围	有 老	[左上包围 1/2]
			两面包围 ② 左下包围	这	[左下包围 1/2]
第 3 课	合体字	两个以上的部件组成的合体字结构		做 没 您 照	[1│2│3] [1│2/3] [1│2 / 3] [1│2/3/4]
第 4 课	合体字	包围结构	三面包围	同	[三面包围 1/2]
			两面包围 ③ 右上包围	习	[右上包围 1/2]

上表显示,《成功之路》(起步篇)主要采取分课教授的方式介绍汉字结构。王晓光(2002)曾以《汉语水平词汇与汉字等级大纲》(2001)为依据,对 800 个甲级字

的结构进行统计分析,结果发现甲级字中共有 651 个合体字,其中左右结构的汉字占比最多,共 386 个,约占 48％。上下结构和包围结构的分别为 195 个和 70 个。这一统计结果为初级阶段教学侧重左右结构的汉字提供了依据。而起步篇将常用程度较高的左右结构和上下结构安排在第一课,其次安排包围结构的学习,符合先高频后低频的教学原则,此种编排顺序有效地促进了零起点学习者对汉字构形特点的认识,有利于二语学习者发现汉字的结构规律,并在汉字学习中加以运用。

2.4.2　结构呈现方式比较

《成功之路》(起步篇)主要通过图示的方式来分析讲解汉字结构,可以帮助初学者意识到汉字不是无规则的图画,而是有规律可循的。《起步篇》的汉字结构呈现方式如下:

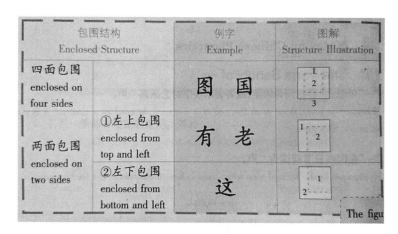

图 2‐8　《成功之路》结构呈现方式图例

《成功之路》利用表格形式系统地呈现了汉字结构的相关知识,同时使用英文对该结构进行说明。对于习惯字母线形排列的国际学生来说,接受方块汉字的空间特征也是汉字学习过程中的难点之一。而教材在每个结构后都给出了相应的例字和图解,并通过数字和虚线解析汉字结构,简化了汉字的结构方式,有利于识别和记忆。

第3章　汉字练习项目

3.1　练习题量的比较

3.1.1　《成功之路》练习题量

《成功之路》（入门篇）以拼音教学为主，除"学习基本汉字"外未设置相关汉字练习，不在本章考察范围之内。由于《起步篇》中的"综合练习"以语言交际训练为主，故不计入汉字练习进行统计。本章将《成功之路》汉字练习项目的考察集中于《起步篇》"读写练习"这一部分。

施正宇(1999)把汉字能力分为写、念、认、说、查等五个要素。"其中，写、念、认各以汉字形、音、义为据，说和查是以汉字的形、音、义为基础来称说和使用汉字。"而汉字能力的掌握与汉字练习的训练是分不开的，"练习内容就是需要通过练习使学生掌握的教学内容(吕必松，1993)"。因此，为保证量化研究的科学、准确，我们参考施文中"汉字能力"的分类，对《成功之路》（起步篇）"读写练习"中汉字练习项目的筛选标准设定为：

（1）是否重点考察汉字的读音、字形和字义。如《起步篇1》"读写练习"中出现"朗读下边的词和短语"和"朗读下列句子"两种题型，我们认为前者以考察汉字的形音义为主，后者以交际训练为主，因此"朗读下列句子"不计入本章研究范围。

（2）是否重点考察汉字的基础知识，如笔画、笔顺、偏旁、结构等。《起步篇2》中出现的"读后回答问题"和"读后判断正误"属于阅读理解题型，因此本章不对其进行考察。

（3）是否考察学习者在字典、词典等工具书中正确检索汉字信息的能力。

（4）教材中汉字练习题量以大题序号为基本单位。如《起步篇1》第一课"读写练习"中共出现八道大题，且都符合上述（1）或（2）或（3），则这一课的题量记为"8"。统计结果详见下表3-1：

表 3－1　《成功之路(起步篇)》汉字练习题量统计(题)

项目 教材	册练习 总量	课数	每课 平均	每课 最少	每课 最多	全册练习 总量
《起步篇1》	99	12	8.25	7	10	194
《起步篇2》	95	16	5.94	5	7	

从表 3－1 可以看出,《起步篇 1》和《起步篇 2》在汉字练习题量的设计上差异较小。《起步篇 1》汉字练习总量为 99 题,其中每课最少 7 题,最多 10 题,每课平均 8.25 题。《起步篇 2》每课平均 5.94 题,比《起步篇 1》少 2.31 题,这是因为《起步篇 2》"读写练习"中阅读理解题型占比增加,符合考察范围的汉字练习比重降低。初级阶段的学习者多数没有汉字学习方面的基础,而进行"阅读"练习需要掌握更多的汉字知识。因此在教材的上册,应重视汉字练习训练,阅读练习不宜多。

3.1.2　小学《语文》练习题量

一年级《语文》注重单元的整体性,一上拼音单元未专门设计汉字练习,因此我们主要考察《语文》识字单元和课文单元的课后汉字练习,以及语文园地中的汉字练习项目。有必要说明的是,课后练习中的"朗读课文""背诵课文"和说话、写话练习主要提升学生的语言能力;语文单元中的"日积月累"与"和大人一起读"栏目属于拓展性内容,教材旨在激发学生学习语文和阅读的兴趣。因此上述题型均不计入本章考察范围。

一年级《语文》的汉字练习题量统计结果详见下表 3－2:

表 3－2　《语文》汉字练习题量统计(题)

	项目 教材	册练习 总量	课数	每课平均	一课最少	一课最多	全册练习 总量
一上	识字单元	15	10	1.50	0	3	59
	课文单元	17	14	1.21	1	2	
	语文园地	27	8	3.38	2	4	
一下	识字单元	15	8	1.88	1	3	73
	课文单元	35	21	1.67	1	2	
	语文园地	23	8	2.88	2	4	

全册练习总量 132

上述数据显示：首先,两册教材识字单元的练习题量都高于课文单元,说明《语文》一上和一下有意识地提高识字单元中的汉字练习项目比例,有效落实了识字写字这一教学重点。

其次,将两册"每课平均"数据两相比照,可以看到除"语文园地"栏目有所减少外,其他均有所增加。一方面说明教材注重幼小衔接,放慢教学坡度。对于刚上一年级的学生而言,过多的汉字练习不利于培养学生对汉字的兴趣。另一方面,随着学生写字能力的提高,一下"语文园地"栏目减少了"摹写汉字"练习,更加注重灵活安排常用字,以提高识字效率。

最后,从整体上看,《语文》一年级下册的汉字练习总量比上册多,教材随着学生学习的深入逐渐增加题量,符合汉字练习循序渐进的特点。

3.1.3   题量比较分析

两套教材的生字总量比较见下图 3 – 1:

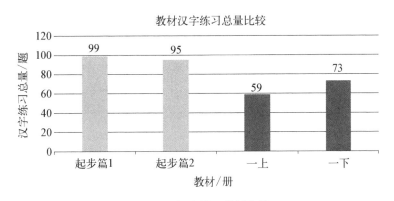

图 3 – 1   汉字练习总量比较

不难看出,《成功之路(起步篇)》和一年级《语文》汉字练习项目题量差距悬殊。说明国际中文教材十分重视汉字练习项目,也体现了精讲多练的原则。这正如吕必松(1993)所说:"练习是第二语言教材最重要的组成部分之一。这主要是因为：人们学习第二语言要通过大量的练习才能掌握,没有足够数量的有效的练习,就难以帮助学生掌握语言。"

一年级《语文》教材以降低入学难度为出发点,汉字练习项目的编写遵循循序渐进的原则,避免反复操练。温儒敏(2016)认为当前语文教学存在"精读精讲多"和"反复操练多"的弊病,而部编本语文教材"注意到了这些问题,采取了一些改进办法"。由此说明,部编本小学《语文》教材更重视语文核心素养的培养,随文学习知识体系。

　　综上所述,在第二语言学习中,学习者一般学习时限较短,因此在短时间内很难熟练掌握相关汉字知识,必须通过一定练习予以强化。而对于中国小学生来说,小学阶段学习时限较长,教材不能仅用于知识和能力的传授,而应符合语文教学规律,致力于学生语文素养的形成和发展。

3.2　练习题型的比较

3.2.1　《成功之路》练习题型及特点

　　对于同种练习形式,同套教材中可能会设定两种或以上的题目名称。如《成功之路》中"描写练习 X 中的汉字"和"描写下边的汉字"都属于描写汉字类题型。为了保证量化研究的准确性和科学性,对于同种练习形式我们计算为一种题型,并统一命名。另外,由于篇幅有限,在不影响题意的基础上对个别题干进行了删减。

　　《成功之路(起步篇)》汉字练习题型数量与分布情况详见下表:

表 3-3　《成功之路》(起步篇)汉字练习题型统计

序号	题　　　　　型	《起步篇 1》	《起步篇 2》
1	描写练习 X 中的汉字	√	√
2	听汉字,按顺序标序号	√	
3	读一读练习 X 中的汉字	√	
4	找一找汉字出现了几次	√	
5	在练习 X 中找一找下边结构的汉字	√	
6	朗读下边的词和短语	√	
7	找到相应的拼音,读一读下边的汉字	√	
8	将汉字和相应的结构用线连起来	√	
9	找一找,哪些字 A(B)组有, B(A)组没有	√	
10	念一念这些带相同偏旁的汉字	√	

序号	题　　　　型	《起步篇1》	《起步篇2》
11	在练习X中找一找带这几个偏旁的汉字	√	
12	把A组和B组有相同部件且结构也相同的汉字用线连起来	√	
13	念一念这些带相同部件的汉字	√	
14	给下边的汉字注音	√	√
15	列举跟下列汉字偏旁相同的汉字	√	√
16	下边每对汉字有一个相同的部件,找出来,写在方框里	√	√
17	把汉字和含有该字的词的拼音用线连起来	√	√
18	把A和B组发音相同的汉字用线连起来	√	√
19	读一读这几对汉字	√	
20	读汉字,注意每对汉字的写法有什么不同	√	
21	填汉字,使其上下、左右各成为一个词		√
22	选字填空		√
23	用下列每个汉字组X个词		√

注:"√"表示教材含有该种题型。

为便于比较,试将上述内容进行统计分析,列表如下:

表3-4　共有题型和独有题型分布情况

教　材	每册题型总数	共有题型数	独有题型数	题型总数
《起步篇1》	20	6	14	23
《起步篇2》	9		3	

注:"共有题型"表示两册教材都含有该种题型;"独有题型"表示仅一册教材含有该种题型。

以上可见,《成功之路(起步篇)》两册教材题型变化较大:《起步篇1》含有题型20种;《起步篇2》含有题型9种。比较两者后可得到如下印象:

　　《起步篇 1》以独有题型为主,《起步篇 2》以共有题型为主。《起步篇 2》主要删除了《起步篇 1》中以"找一找"和"念一念"为主的简单题型,同时增加了 3 种新题型。进一步分析,可总结出如下特点:

　　其一,汉字题型灵活多变。《成功之路》(起步篇)汉字练习总题量为 194 道,而总题型高达 23 种。对于同类的汉字知识,《起步篇》采用了不同的题型进行设置,如"念一念""找一找""连线"等不同题型,丰富了练习形式,同时完善了练习内容。

　　其二,考察多种汉字知识,实用性强。如"听汉字,按顺序标序号""读汉字,注意每对汉字的写法有什么不同"等题型不是只考察汉字知识的某一方面,而是结合汉字的字形、字音或字义多方面进行考察,使学生真正理解汉字。然而,对于初级学习者来说,字数过多的题干也会增加他们的理解负担,加大读题难度。因此,教材在编写时也应平衡练习题实用性与题干理解难度之间的关系。

3.2.2　小学《语文》练习题型及特点

　　《语文》中的"语文园地"在题型上变化多样,同一题干可能题型内容完全不同,这些都给统计工作带来了困难。因此,在统计题型时,我们先对题内容进行详细对比,例如上册"语文园地一"和"语文园地四"都有"识字加油站"板块,但前者是字谜识字,后者是反义词识字,虽然二者题干相同,都是"识字加油站",但练习形式并不同,因此归为两类题型进行统计。由于教材中的练习项目题干较为简练,为更清晰地展示其练习内容,便于读者理解,括号中的文字是笔者的解释或补充。

　　一年级《语文》的汉字练习题型统计结果详见下表:

表 3 - 5　《语文》汉字练习题型统计

序号	题　　　型	《语文》(一上)	《语文》(一下)
1	摹写汉字	√	√
2	认识田字格	√	
3	猜一猜,连一连	√	
4	读一读,记一记	√	√
5	读一读,做一做	√	
6	读一读	√	√
7	猜字义	√	

序号	题　　型	《语文》(一上)	《语文》(一下)
8	读一读,说一说	√	√
9	看图识字	√	
10	书写提示(笔顺规则)	√	√
11	读一读,比一比	√	
12	识字加油站(猜字谜)	√	√
13	识字加油站(看看你的课表)	√	
14	读一读,在图里找一找	√	√
15	拼一拼,写一写	√	
16	识字加油站(反义词识字)	√	
17	展示台(情境识字)	√	√
18	识字加油站(归类识字)	√	√
19	我的发现(偏旁识字)	√	√
20	连一连(部件识字)	√	
21	读一读,背一背	√	
22	比一比,写一写	√	
23	看图写词语	√	
24	照样子做问答游戏,说说班里的同学都有哪些姓		√
25	猜生字读音		√
26	读一读,写一写		√
27	识字加油站(认识量词)		√
28	查字典(如何查"厨"字)		√
29	用音序查字法查字并组词		√
30	识字加油站(我来说,你来指)		√

序号	题　　　型	《语文》(一上)	《语文》(一下)
31	选一选,填一填		√
32	比一比,查字典		√
33	识字加油站(儿歌识字)		√
34	说一说,写一写		√

同样,为便于比较,我们将上述内容进行统计分析,列表如下:

表 3 - 6　共有题型和独有题型分布情况

教　材	每册题型总数	共有题型数	独有题型数	题型总数
《语文》(一上)	23	10	13	34
《语文》(一下)	21		11	

表 3 - 5 和表 3 - 6 分别反映了《语文》练习题型的数量和分布情况,总结如下:

(1) 题型分布均匀。《语文》(一上)共 23 种题型,《语文》(一下)共 21 种题型,两册教材题型数量差距较小,说明部编本《语文》在题型的设置上尤为重视,一年级上册和下册教材都注重题型的多样性,总体上富有新意。

(2) 识字方法丰富,题型富有趣味性。教材紧扣儿童的年龄特征,通过"猜字谜""问答游戏""我来说你来指"等题型,激发学生学习汉字的兴趣,符合儿童语言习得的规律和心理特点。

(3) 题型难度上符合由易到难、由浅入深的原则。刚入学的学生汉字基础很薄弱,如果练习题型太难,题干文字内容过于复杂,学生容易产生畏惧心理。因此教材在刚入学阶段首先安排了"认识田字格"的学习,一个单元结束后才安排"书写提示"——根据笔顺规则书写汉字;下册又安排"查字典"等练习题型,练习难度逐渐递增,满足了学生在不同阶段的汉字学习。

3.2.3　题型比较分析

第一,在题型分布上,《语文》两册题型数量相似,整体保持稳定和多样性。《成功之路》虽然根据教学内容灵活设置题型,第二册删减了较多不适合学情的题型,但题型种类仅占第一册的一半,相比之下第二册的题型分布较为单一,缺少变化。

第二,在题型特点上,《语文》更注重题型的趣味性。同样是通过练习认识汉字,《成功之路》安排的题型是"读一读练习 X 中的汉字""找一找汉字出现了几次"等,而《语文》通过真实的语言情景、生动的插图等让学生感受识字的乐趣,如上册语文园地的"识字加油站"——看看你的课程表,再如课文第 14 课的"看图识字"题型贴近生活,富有趣味。

第三,在题型设置上,《成功之路》更具实用性。同种题型往往锻炼学生多方面的汉字技能,学生通过练习强化对汉字知识的综合运用,实用的汉字练习也能激发学习者学习的积极性。而《语文》的题型较为简单,多数题型只针对某一方面汉字知识的练习,题型设置较为简单。

3.3　练习内容的比较

3.3.1　汉字音形义练习

《成功之路》和《语文》课后练习中的汉字练习项目统计如表 3-7:

表 3-7　两套教材汉字音形义练习汇总

汉字练习内容	《成功之路(起步篇)》	一年级《语文》
字　音	+	+
字　形	+	+
字　义	+	+

注:"+"表示该教材汉字练习项目中含有此项内容。

（1）字音

字音练习指以练习汉字读音为主的练习,主要考察学习者能否正确读准字音的能力。

《成功之路》关于字音的练习内容主要分为以下五种:一是"听汉字,按照顺序标序号",通过听力训练考察学习者对汉字读音的识别能力;二是"读一读练习 X 中的汉字",考察学习者是否正确掌握汉字的读音;三是"给下边的汉字注音",主要考察形声字中声旁与整字的关系;四是"把汉字和含有该字的词的拼音用线连起来",既考察了生字的读音,又加深了学习者对生词的理解;五是"把 A 和 B 组发音相同的汉字用线连起来",测试二语学习者对同音字的辨别能力。由于难度较大,该类题型在《起步篇》第十课才出现。

《语文》中有关字音的练习主要以"读一读"为主,如"读一读,做一做""读一读,在图里找一找"等。一年级儿童的抽象思维还不够成熟,需要通过直观的动作或图像理解事物之间的联系。因此,《语文》在练习题设置上调动了儿童的多种感官,以满足学生学习的需要。

(2) 字形

字形练习指正确书写汉字字形、辨认汉字形体的练习。主要考察学习者能否正确书写汉字的能力。

两套教材都非常重视汉字书写练习,《成功之路》每课都安排了写字练习,《语文》除上册第一课未编排写字练习,其余都安排了摹写汉字练习。《成功之路》主要以在方格中描写汉字的形式进行书写练习。示例如下:

1. 描写下边的汉字。
Trace the following characters.

图3-2 《成功之路》汉字字形练习图例

《语文》则利用田字格让学生先按照正确笔顺进行描红练习,然后再独立书写。示例如下:

 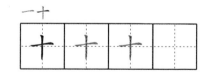

图3-3 《语文》汉字字形练习图例

以上两套教材都把汉字置于方形空间中,这种分布方式不仅凸显了汉字的方块形式,也更加符合学习者视觉思维的要求。对于初级阶段的学习者来说,田字格中横中线和竖中线的均匀分布可以使汉字结构显得清晰。教师也可通过田字格的辅助作用引导学生把汉字写清楚、写准确。

(3) 字义

字义练习指根据一定信息正确认知字义的练习,主要考察学习者能否正确掌握相关字义。

　　《成功之路》主要设置组词和选字填空两种练习方式,针对性考察了学习者见字知义的能力。《语文》从学习者的特点出发,更注重识字的趣味性和实用性,通过字谜识字、看图识字、情境识字等多种识字方法,为字义的学习创设了一个有意义的语言情景。示例如下:

图 3‐4　《语文》汉字字义练习图例

　　汉字抽象程度高,结构复杂,低年级儿童很难发现汉字的形义结合规律,相对枯燥的字义练习也很容易让学生产生畏难情绪。因此必须通过灵活生动的方式调动学生的积极性,引导他们认清字形,认识字义。图 3‐4 选自《语文》(一上)课文单元第 14 课,练习内容贴近儿童真实生活,插图设计美观大方,更容易引起学生的学习兴趣,加深汉字记忆。

3.3.2　汉字基础知识练习

　　我们对《成功之路》和《语文》中有关汉字基础知识的练习进行了对比统计,详见表 3‐8:

表 3‐8　两套教材汉字基础知识练习汇总

汉字练习内容	《成功之路》(起步篇)	一年级《语文》
笔画知识	—	—
笔顺知识	—	+
偏旁知识	+	+
结构知识	+	+
部件知识	+	+

注:" + "表示该教材汉字练习项目中含有此项内容," — "表示该教材未涉及此项内容。

（1）笔画知识

两套教材都没有设置单独的笔画知识练习，虽然国际中文教育侧重于部件教学，通过笔画教授汉字容易加重学习者的记忆负担，但基础阶段的教材在笔画知识的介绍后可适当增加一些描红、临摹练习，尤其注重对基本笔画的学习，可加深初学者对汉字笔画的认识，有利于学生的应用。

（2）笔顺知识

《语文》将笔顺练习和写字练习相整合，每个田字格上方都有正确笔顺的完整介绍，学生在书写过程中可按照示例反复摹写，加强对笔顺规则的运用。《成功之路》没有关于笔顺方面的练习，教材虽然含有"描写下边的汉字"等练习，但并未提示学生该汉字的正确笔顺规则，学生可能最后写出的字是正确的，但对于书写过程中是否正确按照笔顺规则，则难以辨别。相关练习图例可见上文3.3.1中的图3-2和图3-3，此处不再重复。因此，国际中文教材方面的不足可能也是二语笔顺教学效果欠佳的原因之一。

（3）偏旁知识

两套教材都含有汉字偏旁知识的练习，并且都有意识地将同形旁字在练习中的分布相对集中，可以引导学生进行比较，提取字中所含有的相同成分，形旁的作用便会显现出来。

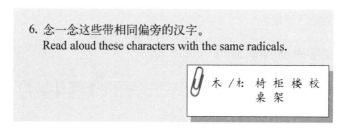

图3-5　《成功之路》汉字偏旁练习图例

图3-6　《语文》汉字偏旁练习图例

（4）结构知识

万业馨（2012：279）提到"对外汉语教学中的书写教学，则必须首重结构，把字写清楚、写准确才是要务"，这说明汉字结构对汉字书写起着极为重要的作用。《成功之路》设置了三种汉字结构知识方面的练习，分别是"在练习 X 中找一找下边结构的汉字""将汉字和相应的结构用线连起来"和"把 A 组和 B 组有相同部件且结构也相同的汉字用线连起来"，练习内容逐渐深入，可以体现教材十分重视对汉字结构的操练。如下图 3 - 7 所示，教材借助方格来练习汉字，并通过虚线格外强调汉字结构，可以帮助学生形成字感。

5. 在练习4的汉字中找一找下边结构的汉字。

Find characters with the following structures in Exercise 4.

6. 将汉字和相应的结构用线连起来。

Match each of the characters with its corresponding structure with a single line.

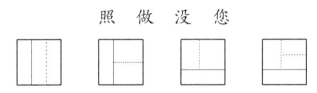

图 3 - 7　《成功之路》汉字结构练习图例

而《语文》未涉及汉字结构知识方面的讲解。对《语文》一上和一下两册教材逐一检阅，仅发现一处与汉字结构有关的练习项目（一上第 98 页）。如下图所示，教材针对低年级学生的心理特点，将抽象的结构知识隐含于富有趣味性的练习项目中，对汉字结构的启蒙教学有一定的积极作用。

图 3 - 8　《语文》汉字结构练习图例

（5）部件知识

《成功之路》设置了较多与部件知识相关的练习，以连线、填空等形式，引导学生通过分析和归纳，发现汉字的构形特点，同时不断积累和扩大字量。而《语文》未使用术语"部件"，相关练习较少，主要以偏旁练习为主。

3.3.3　汉字查验练习

　　查验练习指通过字典或其他汉语工具书检索汉字信息的练习,主要考察学习者用笔画、部首、拼音进行检索的能力。《语文》(一下)共设置 3 道查验方面的练习,其中第三单元以"厨"字为例介绍了音序查字法,同页也安排了相应的练习。而《成功之路》缺少相关查验练习,忽视培养、考察学习者通过音序查字法对生字进行查找,掌握其读音和意义的能力。

第4章 教材汉字教学内容的改进建议

4.1 教材汉字教学内容的反思

《成功之路》作为国内外广泛应用的国际中文教材之一,在语言知识的编写方面取得了一定成效,具有研究和参考价值。以上对国际中文教材和小学语文教材中的汉字教学内容进行比较研究,发现二者虽然在生字编排、汉字基础知识和练习项目上存在差异,但很多方面都可相互借鉴。由于我们的专业背景,本节集中探讨《成功之路》的优势和不足,并提出相关建议,希望为日后的国际中文教材编写提供参考,使汉字编写内容更加科学合理。

4.1.1 生字编排方面

《成功之路》的入门篇和起步篇是为汉语零基础的学习者编写的国际中文教材。教材主要帮助二语学习者建立对汉字的认知,并打下良好的汉字基础。对于零起点的学生来说,他们对汉字的音、义、形都处于未知阶段,因此初级综合教材在字量、字种和字序的编排上需更强调实用性和科学性。

(1) 在字量方面,《成功之路(入门篇)》每课的生字量变化幅度不大,比较稳定。虽然《起步篇1》和《起步篇2》在课文的编排上具有连续性,但二者的生字量分布各不相同。通过 SPSS 26.0 软件的正态分布检验,可以看出《起步篇2》每课的生字量分布更趋向均匀性。

(2) 在字种方面,两册教材均以甲级字和乙级字的学习为主,且未出现超纲字,说明初级阶段教材严格根据大纲要求编写。《起步篇》的汉字难度虽然有所增加,但非甲、乙字的比例仍然未超过 2%。教材生字难度遵循由易到难的原则,字种编排科学合理。

(3) 在字序方面,两册教材都遵循了生字由高频到低频的编排规律,在教材的前中后三个阶段,依次有重点地安排了使用频率不同的汉字。并在高频优先的基础上,尽量先学使用频率高的汉字,再学使用频率相对低的汉字,符合克拉申的"i + 1"输入假说理论。

综上,《成功之路》的入门篇和起步篇在生字编排方面遵循由易到难、由浅入深的编写要求,针对初级学生的习得规律和学习需求,将大纲要求与生字编排紧密结合,体现了教材的实用性和科学性原则,也为今后其他国际中文教材的编写以启示。

4.1.2　汉字基础知识方面

《成功之路》(起步篇)注重汉字基础知识的系统性,其汉字编写部分涉及笔画、笔顺、偏旁和结构知识,满足学习者对汉字知识的多样化需求,一定程度上也可帮助学生发现汉字规律,增强认识汉字的信心。

(1) 在笔画知识方面,《成功之路》把基本笔画教学放在笔画学习的最前端,体现了教材对基本笔画的重视。但《入门篇》用三课教授 18 种笔画知识,对于刚刚接触汉字的学习者来说,这样大量的笔画学习容易造成识记的负担,学习强度较大。同时,教材所选取的例字并不一定具有典型特点,有的例字笔画较复杂,对入门阶段的学生来说启示作用并不大,也加大了笔画教学的难度。而《语文》结合每课要求"会写"的生字,将生字教学与笔画教学紧密联系,引导在生字中学习笔画,突出了汉字笔画与整字间的联系,更利于学生掌握。

(2) 在笔顺规则方面,《成功之路》首先教授出现频率最高的"先横后竖"和"先撇后捺"两种笔顺规则,有利于留学生快速习得常用笔顺规则。但《成功之路》仅在入门篇第六课集中教授 7 种笔顺规则,其余课文中未出现笔顺规则的内容。根据艾宾浩斯遗忘曲线理论,复现分布科学的笔顺知识可以降低学生对笔顺规则的回生率,从而增加输入的可理解性,帮助学生更好地掌握笔顺规则。

(3) 在偏旁知识方面,《成功之路》淡化了语言点的知识性描述,采用直观的表格形式呈现,有助于学习者掌握和应用。但在编写顺序方面,未充分考虑零基础学习者的学习需求,起始阶段的偏旁学习总体难度偏大,构字程度不高,不符合高频优先的编写原则。学生无法在起步阶段尽早学会最常用的偏旁,容易产生负面影响。而《语文》在编排偏旁顺序时考虑了偏旁的常用程度,优先安排构字能力强的偏旁,这一做法值得《成功之路》借鉴。此外,《成功之路》个别偏旁的名称和书写形式不符合国家颁布的相关汉字规范标准,这一点需引起教材编写者的重视。

(4) 在结构知识方面,《成功之路》针对成年学习者理解能力和归纳推理能力强的优势,通过表格形式系统展示汉字的结构知识,提高记忆的有效性。而在编写顺序方面,教材首先教授了甲级字中常用程度较高的左右结构和上下结构,其次安排包围结构的学习。有效地促进了零起点学习者对汉字构形特点的认识,有利于初学者发现汉字的结构规律并在汉字学习中加以运用。

4.1.3　汉字练习方面

（1）在练习题量方面，《成功之路》（起步篇）一册和二册题量分布上较为均匀，较好地贯彻了"精讲多练"的原则。同时，二册在一册的基础上适当降低了汉字练习题量，增加了阅读理解的比例，说明教材的题量分布变化与学习者的知识水平和学习能力相适应，这一点值得国际中文教材借鉴和参考。

（2）在练习题型方面，《成功之路》（起步篇）虽然题型灵活多变，但一册和二册题型数量差距较大，教材在保持题型多样性的同时未考虑题型的稳定性。另外，教材题型设置虽然实用性较强，但缺少趣味性，练习大多以连线、填空、读一读为主，难以调动学生练习的积极性。而《语文》识字方法丰富，题型富有趣味性，通过猜字谜、识字游戏、看图识字等方式，让枯燥的练习过程变得轻松愉快，总体上富有新意。

（3）在练习内容方面，《成功之路》设置了结构、偏旁和部件知识的练习，但缺少笔画、笔顺和汉字查验的练习，反映了国际中文教学对笔画、笔顺内容缺少重视。另外，起步篇用方格代替田字格，降低了对学生的书写要求，由于缺少田字格的辅助作用，在书写过程中学生难以注意汉字的关键笔画位置，一定程度上提高了汉字书写的偏误率。

4.2　国际中文教材汉字教学内容的编排建议

4.2.1　生字编排方面

在字量方面，应科学分布每课生字量，将每课生字量控制在合理的数量范围内，差距不宜太大。每课生字太多容易造成记忆混乱，太少则无法满足学生的学习需求，汉字能力也难以提高。

4.2.2　汉字基础知识方面

（1）在笔画知识方面，教材可以采取分课教授笔画的方式，有利于缓和笔画学习的进度，更利于学生掌握。同时，教材在结合例字教授笔画时，紧密结合本课生字，尽量选取笔画较少、构字简单的汉字作为生字，更利于学生掌握。

（2）在笔顺规则方面，教材应有意识地提高基本笔顺规则的复现率，在教学中引导学生按照正确笔顺规则书写汉字，深化学生对笔顺规则的理解。

（3）在偏旁知识方面，首先，教材在编排偏旁顺序时可以考虑偏旁的常用程度,发挥高频偏旁的带动作用,学习者便可利用常用偏旁记忆生字,提高识字效率。其次,在偏旁名称和书写上,教材应紧密结合国家颁布的相关汉字规范标准,加强教材偏旁编写的科学性,同时鼓励学生在汉字学习中形成字形规范意识。由于教材的更新需要一定的时间,国际中文教师可根据实际教学需求,弹性使用教材,使汉字教学内容紧跟时代步伐。

4.2.3　汉字练习方面

（1）在练习题型方面,教材可保持起步篇一册和二册题型的均匀性,整体上灵活设置不同题型,以满足学生在不同阶段的汉字练习。在编排形式上也可借鉴《语文》的题型设计,通过真实丰富的语言情景、生动有趣的插图让学习者感受练习的乐趣。刘珣（2000：317）提到"教材板式设计活泼醒目,装帧美观大方,插图生动风趣等等,也是使学习者对教材产生兴趣的重要因素"。当然,在参考的同时也应注意成人教材与儿童教材的区别,避免教材编写幼稚化。

（2）在练习内容方面,笔画学习作为汉字教学的基础,应予以重视。教材可适当增加描写、临写等练习,对于易发生偏误的笔画可设置笔画辨析练习,如"竖钩"与"弯钩""竖提"与"竖钩"等,引导学生发现笔画之间的差异。关于笔顺练习,教材可参考《语文》的设置方式,在每个田字格上方提供汉字的正确笔顺规则,要求学生在所给田字格中按笔顺书写汉字。若要增加难度,教师在课堂上可以要求学生在田字格中写出汉字某一笔的笔顺,以检查学生是否正确掌握汉字的笔顺规则。

另外,我们认为也可发挥田字格在汉字书写中的积极作用。田字格横中线和竖中线的均匀分布,可以使汉字结构显得清晰,也有利于初学者一笔一画地正确书写,找准关键笔画的位置。

第二编

课堂问答比较

本编主要借助弗兰德斯语言互动分析系统(FIAS),观察国际中文课堂教学实录视频和小学语文教学实录视频,再对视频中的提问、回答与反馈进行编码、计算与分析,并进行国际中文和国内小学语文课堂在问答方面的对比。

为避免人为选择因素的干扰,我们在网络上收集了国际中文小学课堂教学视频和国内小学语文教学视频各30个后,采用随机抽样的方式从中各选择15个,每个视频时长均在45分钟左右,视频时长总计1380分50秒。其中,小学语文课堂教学视频均为1—4年级的示范课或获奖公开课的课堂实录,国际中文课堂的教学对象来自多个不同国家,学生水平均处在零基础或初中级阶段。

我们将一次师生间的言语互动"提问——回答——反馈"视为一个完整的问答环节,按时间顺序记录。在教师言语方面,将提问分成三类,即展示性提问、参考性提问和回应性提问,将教师反馈分为肯定反馈和否定反馈;在学生回答方面,将回答分为被动回答和主动说话。在具体记录时,还记录提问和回答语的句子字数和句子类型,同时观察教师提问后到点名回答问题,以及学生思考问题与开始回答问题之间的等待时间。

第5章 国际中文课堂问答考察

5.1 样 本 概 况

15 个国际中文小学课堂教学视频样本中零基础汉语课堂 6 个,初级汉语课堂 8 个,中级汉语课堂 1 个。共计观察教学时长 615 分 14 秒,记录课堂问答活动 1 388 次,收录课堂提问语 1 388 条,学生答句 1 230 条,教师反馈 979 条。课堂视频的相关情况如下表所示:

表 5－1　国际中文课堂样本概况

样本序号	样本课型	样本教师	样本学生数量	样本学生国籍
01	零基础汉语课堂	中年女性	12	菲律宾
02		中年女性	8	泰 国
03		中年男性	15	泰 国
04		青年女性	10	爱尔兰
05		青年女性	14	美 国
06		青年女性	12	西班牙
07	初级汉语课堂	中年女性	10	泰 国
08		青年女性	20	南 非
09		青年女性	19	菲律宾
10		青年男性	12	泰 国
11		中年女性	17	日 本
12		中年女性	20	新加坡
13		青年女性	10	英 国
14		青年女性	13	乌干达
15	中级汉语课堂	中年男性	20	菲律宾

5.2　教师提问情况考察

5.2.1　提问的频率和数量

提问的频率即一堂课中平均每分钟教师向学生提问的次数。根据所选取的教学视频统计,国际中文课堂教师提问的平均频率为每分钟 2.6 次。由于国际中文课堂课型较复杂,因此本文只研究课堂导入、课堂教学和课堂总结三个环节教师提问的频率。此外,还有一些特殊的、无法归类的问题,也纳入课堂问答活动统计范围,即学生向老师提问和教师向学生确认是否听懂的问题。有时在课堂上也会出现学生就一些不懂的问题向教师提问的情况,这类问题并不属于教师的课堂提问范畴,但仍然是课堂提问的一部分,往往是由学生经过思考之后对教师所讲的内容提出的相关问题,本书在学生回答情况考察这一节中有详细的分析。教师向学生确认是否听懂不能算是真正意义上教师对学生的提问。但是我们发现,这类问题在国际中文课堂中也占用了不少时间,并且不同的教师由于教学风格不同,对学生的回答进行确认的次数不一,因此也纳入统计范围。综上,将学生向老师提问和教师向学生确认是否听懂纳入"其他"一类中。

表 5 - 2　国际中文课堂各环节提问数量统计

样本序号	课堂导入	课堂教学	课堂总结	其 他		总计
				学生问教师	教师向学生确认	
01	6	92	0	0	9	107
02	4	76	1	1	12	94
03	3	92	3	0	8	110
04	4	62	0	0	9	75
05	6	58	6	0	4	74
06	2	106	1	2	10	121
07	1	81	2	0	5	89
08	5	77	1	1	9	93

样本序号	课堂导入	课堂教学	课堂总结	其　他		总计
				学生问教师	教师向学生确认	
09	6	45	6	4	6	67
10	4	69	0	2	4	79
11	0	93	3	3	5	104
12	3	70	2	1	10	86
13	1	75	4	2	9	91
14	6	75	0	4	8	93
15	4	91	5	1	4	105
平均	3.7	77.7	1.4	2.3	7.5	92.5

由表可知,国际中文课堂教师提问主要集中在课堂教学环节,提问数量显著高于课堂导入环节和总结环节。

在课堂导入部分,国际中文教师的平均提问数量是 3.7 个,教师往往通过复习上节课的内容或是列举与本节课相关的例子进行导入,这两种导入方式效率很高,既能复习上节课所学的知识,又能够借助学生熟悉的内容导入新课,做到将汉语知识运用到生活当中。

在课堂教学部分,国际中文教师的提问频率非常高,平均提问 77.7 次,也就是一分钟内会提出多个问题。如此高的提问频率从侧面说明国际中文教师提问的语句都较为简单,提问的难度也都较为简单,并且大多是操练某一词汇或者句型,因此可以在一分钟内提出多个问题,通过反复提问操练的方式巩固汉语词汇、语法知识。例如样本 15:

T:这个字它的声旁念什么?

S1:气。

T:左边呢?

S1:三点水。

T:这个字认识吗?

S2:城。

T：声旁念什么？

S2：成。

T：左边呢？

S2：土。

T：这个字呢？

S3：清。

T：声旁念什么？

S3：青。

这一课学习的内容是形声字，教师通过不断举例让学生认读，帮助学生归纳"左形右声"类的形声字。教师所列举的汉字都是学生曾经学习过的汉字，借此帮助学生复习以前学过的内容。

在课堂总结环节，不同国际中文教师提问次数的差异较大。国际中文教师的课堂总结大都非常简短，部分教师甚至只用一句"今天我们的课就上到这里"便直接结束课堂，也不在总结部分做任何提问；部分教师会就本节课所学习的内容再次提问学生，对每一种词汇、句型都再次复习、总结，因此提问次数达到5—6次。

值得一提的是，国际中文课堂中，课堂气氛较为活跃，有时会出现学生就不懂的语法知识点向教师提问的情况，教师都会一一对学生的问题耐心解答。这种学习方式体现了学生的独立思考精神，并且能够及时主动解决难题。例如样本1：

S1：老师，"今后"是什么意思？

T：今后就是从今天往后。

国际中文课堂中，教师在每节课中都会重复一部分问题以确认学生是否听懂并且跟得上课堂节奏，这是由于学习者的母语不是汉语，且小学生的注意力很容易分散，教师采用这种提问方式能够帮助他们理解问题、集中注意力。

国际中文课堂由于课型复杂、学生汉语水平不一，因此不同的国际中文教师在不同的课型上提问方式都有较大出入，无法仅从课堂提问频率和不同课堂环节提问数量多少来衡量教师的教学水平及这节课的教学效果。此外，本次研究的对象是母语非汉语的小学生，国际中文小学课堂对教师的要求更高，需要教师掌握一些对待学龄儿童的教育学、心理学相关知识，能够正确把控课堂节奏。

5.2.2　问句的长度

国际中文教师一般不会使用过长的句子进行提问，一是因为国际中文课堂面向的是母语非汉语的小学生，教师需要考虑到他们的汉语水平，提出能够让学生听懂的问题,同时根据小学生活泼好动的心理,多从他们熟悉的身边事物入手,激发他们参与课堂的积极性。我们选取的视频样本中,教师的问句长度统计结果如下:

表 5-3　国际中文教师问句长度统计表

样本序号	总字数	问句数量	平均字数	最长字数	最短字数
01	555	107	5.2	11	3
02	658	94	7.0	9	3
03	583	110	5.3	12	3
04	465	75	6.2	7	3
05	370	74	5.0	13	3
06	580	121	4.8	12	3
07	596	89	6.7	17	4
08	409	93	4.4	10	3
09	389	67	5.8	13	4
10	443	79	5.6	5	5
11	676	104	6.5	11	6
12	541	86	6.3	9	3
13	473	91	5.2	9	3
14	549	93	5.9	12	4
15	714	105	6.8	5	5
平均字数	533.4	92.5	5.8	9.7	3.7

　　由表可知,不论是教授零基础汉语的学生,还是初级和中级水平的学生,国际中文教师都不会使用过长的句子进行提问,问句的平均字数为 5.8 个字。每位教师提问的最长字数平均数为 9.7 个字,样本中最长的问句也没有超过 20 个字。教师用较短的句子进行提问,很好地照顾到了学习者在初级阶段的汉语听力水平与理解能力。此外,我们注意到,对待不同水平的汉语学习者,国际中文教师所使用

的问句长度并没有显著变化。

国际中文课堂中,教师往往讲究对同一个语法知识点进行反复操练。因此,在针对某个知识点提完第一个问题后,教师便会避免使用相同的、字数较长的问句进行二次提问,而直接使用"这个呢""你再说说"这样简短的句子进行提问。例如样本3:

> T:教室里面有什么?
>
> S1:黑板。
>
> T:还有呢?
>
> S2:画。
>
> T:还有呢?
>
> S3:窗户。

这是课堂导入环节,教师运用学生身边的事物进行提问,既可以通过快速转换提问对象的方式检测不同学生对已学词汇的掌握程度,又能顺势引出这节课对"颜色"词汇的学习。层层深入式的引导学习能够帮助学生在学习过程中自主构建知识体系,便于学生课后自主复习。

5.2.3　问句的形式

课堂教学的问句形式大致分为以下几类:

① 是非问。在回答是非问时,直接对问题进行肯定或否定,学生对老师的问题可以用"对"或"没有"或"不是"等简单的词语来回答。例如:"皇帝真的愚蠢得无可救药了,是吗?"

② 正反问。正反问中含有两种选项,学生选择其中一个回答。例如:"结尾有没有出现?""课文中的小男孩老实不老实?"

③ 特指问。教师用疑问代词或短语来表明疑问点,疑问词所问的内容即为学生回答的重点,句子往往用升调。例如:"为什么这个女生偏偏不敢说出实话呢?"在特指问当中,还有一种特殊形式的问句——留空问句。留空问句是教师常用的提问形式之一,小学语文课堂上,教师有时只提出问题的一半,示意学生们接着回答问题的后半句,例如:"黑色的文字写的都是_____?""所以我们说这个皇帝是_____?"

④ 选择问。教师用复句的结构形式提出不止一种答案供学生选择,通常用"是、还是"连接分句。例如:"荷叶是生长在春天还是夏天?""这时候小松鼠是高兴还是不高兴?"

⑤ 陈述句。教师在备课时,已经将有些问题呈现在教学课件中,或是在上课时板书在黑板上,也有部分教师会直接使用书上的练习题进行讲解。这种情况下,教师一般用陈述句进行提问。例如:"我们来看书上的第一个问题。"

⑥ 反问句。反问句并不是严格意义上的问句。教师提出反问句并不是为了得到学生的答案,因为反问句的答案就是固定的。教师通常用反问句来加强语气,来重复教师或学生已经说过的答案,起到复习、强调的作用。例如:"小猪怎么会不伤心呢?""多么深刻的教诲啊! 难道不值得我们反思吗?"

⑦ 做动作代替言语提问。做动作代替提问与教师身势语不同,教师只做动作不说话,通常为教师在做动作之前给出学生关于问题的提示,教师直接举手示意学生举手回答问题,或是教师在已经提出上一个问题后进行追问,示意其他学生举手回答问题,省略"还有谁来说说"这类不断重复的语句。

由于所抽取的国际中文课堂中没有用反问句提问的实例,因此排除⑥,只统计剩余 6 种问句形式。

表 5 - 4　不同问句形式出现次数统计表

样本序号	①	②	③	④	⑤	⑦	提问总量
01	18	12	50	10	12	5	107
02	10	10	35	10	8	21	94
03	23	20	28	15	11	13	110
04	9	17	26	11	4	8	75
05	10	15	19	14	15	1	74
06	13	14	36	17	9	32	121
07	10	16	37	9	11	6	89
08	12	9	36	12	7	17	93
09	7	13	20	9	9	9	67
10	11	16	28	12	12	0	79
11	21	11	33	23	4	12	104
12	10	10	26	15	10	15	86

样本序号	①	②	③	④	⑤	⑦	提问总量
13	20	8	32	20	8	3	91
14	11	12	34	14	6	16	93
15	19	19	41	13	13	0	105

由表可知,国际中文课堂中,教师运用的问句形式较为丰富,除了个别老师没有使用用动作代替提问的方法外,每位教师都运用了以上6种问句形式,极大地丰富了学生汉语输入的多样性。

是非问和正反问是一般疑问句中两种较为简单的形式。教师提出问题,学生只需要简单地回答"是""不是"这类答案即可,对于学生的汉语水平也没有太高的要求,只要是正在学习汉语的学生都可以迅速回答此类问句。所以,这两类句子在国际中文课堂上的使用频率较高。例如样本11:

T:韵母和声调不一样,是吧?

全体学生:是。

样本14:

T:他说的对不对?

全体学生:对。

以上两个例子就是国际中文课堂中是非问和正反问的实例,教师用这两种问句形式检验学生是否理解课堂内容、是否能听懂他人的汉语表述。这样做的好处是能够及时确认学生是否跟上课堂节奏,避免出现学生由于听不懂汉语导致错过课堂语法点的讲解。

特指问在国际中文课堂中出现的频率也较高,教师提出特指问,一般只需要学生直接回答疑问词所对应的内容,对于国际中文教学初中级阶段的课程而言,通常只需要回答出某个词语即可,学生可以不用因为考虑自己的语法是否正确而不敢开口说答案。即使问题简单,学生也需要跟上教师的教学节奏,能够听懂问句的意思。例如样本5:

T:"书"是第几声?

全体学生:第一声。

T:"包"是第几声?

全体学生：第一声。

　　选择问类似于选择题,学生只需要在教师给出的答案中选择一个即可。这类问题的难度也不是很大,如果学生对所学知识掌握得较好,很快便可以得出答案。

　　我们在观察时发现,与国内小学语文课堂不同的是,国际中文课堂中有不少教师运用陈述句提问的实例。这类问题是教师通常已经在黑板上或者课件上准备好了问题,直接点名让学生来回答。例如样本 4：

　　T：(姓名)你来写"饱"字。

　　这样的句型在一节课当中往往会出现多次,作为操练语法知识的手段之一。

　　留空问句与陈述句类似,教师说出一句话,但并未把这句话说完,学生需要先理解教师所说的话的意思,再进行回答,类似于填空题。这种形式的问句不仅可以锻炼学生的思考能力,也可以锻炼学生对汉语的理解能力。所选取的样本视频中,教师均不止一次地运用了这一提问方式,让学生在较为轻松的课堂氛围中回答问题。例如样本 9：

　　T：我每个周末都会＿＿＿＿＿＿＿。

　　S1：学汉语。

　　T：还有呢?

　　S2：出去玩。

　　这一教学实例中,教师先用留空问句进行提问,随后再进行追问,这样可以快速切换提问对象,让更多的学生在短时间内进行快速思考并回答问题。

　　用动作代替言语提问是教师提问小学生时常用的一种提问手段,小学生天性活泼好动,教师在黑板上或多媒体上展示出问题,随后做出举手的动作,便会吸引学生举手回答问题。也有教师在教授词汇课时让学生根据动作说出所学的词语,使课堂变得更加生动。

5.2.4　问句的类型

　　课堂提问可以分为展示性问题、参考性问题和回应性问题。在国际中文课堂中,展示性问题一般用于讲解和巩固生字词、学习课文中的各种语言知识点等等,展示性问题的难度通常较小,大多数学生都能够通过自主思考后回答出来。参考性问题是这三种问题类型中难度最大的,这类问题通常没有唯一的标准答案,但也需要学生经过仔细的思考后才能得出答案,可以充分锻炼学生的逻辑思维和口语交际能力,因此这类问题通常出现在课文探究环节。回应性问题的作用是教师确认学生的回答或者是检验学生是否理解和跟上,虽然不算是真正意义上的提问,但是在国际中文课堂中仍占有一定的比例。以下是国际中文课堂中三种问题的数量及比例统计表:

表5-5 国际中文课堂三种问题数量及比例统计表

样本序号	展示性问题	所占比例	参考性问题	所占比例	回应性问题	所占比例	总数
01	68	63.6%	18	16.8%	21	19.6%	107
02	52	55.3%	28	29.8%	14	14.9%	94
03	74	67.3%	24	21.8%	12	10.9%	110
04	31	41.3%	29	38.7%	15	20.0%	75
05	56	75.7%	12	16.2%	6	8.1%	74
06	39	32.2%	61	50.4%	21	17.4%	121
07	57	64.0%	13	14.6%	19	21.3%	89
08	41	44.1%	47	50.5%	5	5.4%	93
09	35	52.2%	21	31.3%	11	16.4%	67
10	40	50.6%	30	38.0%	9	11.4%	79
11	64	61.5%	30	28.8%	10	9.6%	104
12	41	47.7%	30	34.9%	15	17.4%	86
13	36	39.6%	45	49.5%	10	11.0%	91
14	47	50.5%	25	26.9%	21	22.6%	93
15	66	62.9%	26	24.8%	13	12.4%	105

由表可知,国际中文课堂中教师更喜欢运用展示性问题进行提问,原因是展示性问题比较简单,适合初级阶段的汉语学习者,教师在提问时就知道答案,有经验的老师也能够事先预料到学生会回答怎样的答案。这类问题适用于操练词汇、语法相关的句型,或是用来检查学生的预习和复习情况。展示性问题穿插于课堂的各个环节。例如样本6:

T：同学们，看，沙发是什么颜色？

S1：蓝色。

T：桌子是什么颜色？

S2：白色

T：很好。

这是课堂导入环节教师所提出的展示性问题，教师给出图片，让学生依次回答，用于检查上节课所学的"颜色"专题。随后，再用这张图片引出今天所学的"方位"专题。样本6：

T：听，沙发的左边是什么？

S1：花瓶。

T：花瓶的左边是什么？

S2：椅子。

T：好，那我们说，花瓶在沙发的＿＿＿＿＿？

S3：右边。

T：椅子在花瓶的＿＿＿＿＿？

S4：右边。

T：很好。

这是同一节课中，课堂讲解环节教师所提出的展示性问题的实例。教师同时运用了特指问和留空问两种提问形式，对"A 的左边是 B""A 在 B 的左边"这两个句型进行反复操练，用这种提问方式可以在短时间内让多名同学都回答到问题，不会产生只操练一个句型带来的枯燥感，让学生对所学句型进行综合运用。样本6：

T：今天我们学了哪几个词？

全体学生：左边、右边、上边、下边。

T：还有呢？

全体学生：前边、后边。

在课堂总结环节，教师再次运用展示性问题帮助学生回忆、总结这节课所学习的内容，提问仍然以基础知识为主，重在让学生及时消化新输入的汉语知识，提高课堂效率。

一般默认课堂上参考性问题的难度大于展示性问题，并且由于参考性问题的答案不固定，教师在提问时无法直接预设学生的答案。国际中文课堂所面向的是母语非汉语的小学生,他们的汉语水平有限,很多还是零基础的汉语学习者,因此国际中文教师在课堂上提出参考性问题的频率较低,我们认为原因有两个:一是由于课堂时间有限,无法让学生对每个参考性问题都进行充分思考;二是考虑到学生汉语水平有限,如果学生无法经常用汉语组织答案回答教师提出的问题,可能会对学生的自信心造成打击,对汉语学习产生畏难情绪。但是,随着学生汉语水平的提高,教师可以适当在课堂上增加参考性问题的比重,锻炼学生使用完整的汉语句子进行表达的能力。

回应性问题虽然也作为课题提问的一种类型,但是实际上并没有对学生现阶段的汉语学习水平进行直接考察,其主要作用是确认学生是否听懂了教师提出的问题,或是强化部分学生的正确答案。回应性问题的用处在于帮助教师用巧妙的方法集中学生的课堂注意力,同时能够把握学生对所学知识的掌握程度。如果学生的反应不佳,教师还可以及时地调整教学策略,巩固知识点等等。例如样本 7:

> T:"铅笔"的声调分别是第一声和第三声,对吧?
> 全体学生:对。
> T:那"橡皮"呢?
> 部分学生:第四声和第二声。

以上实例中,教师将回应性问题与展示性问题相结合,先向学生确认答案后,再提出下一个问题,既帮助学生找出了两个字的不同,又复习了汉语拼音的相关知识。国际中文教师在课堂中应善用这三种问题类型,能够根据课堂节奏、学生状态和课堂内容的难易度灵活改变提问类型,做到三种类型有机结合,提高国际中文课堂效率。

5.2.5 提问的分配

根据提问对象的确定性,可以将教师的提问分为指定回答和不指定回答。指定回答是指教师先点某位或某部分学生的名,再提出问题;不指定回答是指教师先提出问题,再请学生回答。其中,指定回答和不指定回答又都可以分为个别学生回答、部分学生回答和全部学生回答。此外,在不指定回答中又有以下几种情况,即点名举手的学生回答、点名未举手的学生回答、全体学生未举手教师自己回答。

但是,如果细致统计每一个项目的数量则会显得过于繁杂,且部分国际中文教师在课堂中并不会选择其中某几种提问分配方式。观察发现,国际中文课堂中不指定回答的频率较高,因此,在不指定回答中我们又进一步考察全体学生回答、点名举手的学生回答、点名未举手的学生回答、点名部分学生回答和教师自答几种情况。国际中文课堂教师提问分配统计表如下所示:

表 5 - 6 国际中文课堂教师提问分配情况统计表

样本序号	不指定回答					指定回答
	全体学生回答	点名举手的学生回答	点名未举手的学生回答	点名部分学生回答	教师自答	
01	20	71	4	3	2	7
02	24	57	5	2	1	5
03	19	73	2	12	2	2
04	23	34	9	2	4	3
05	16	36	4	6	6	6
06	25	80	3	0	1	12
07	12	65	0	4	5	3
08	41	24	12	8	2	6
09	19	26	6	4	4	8
10	20	42	7	6	1	3
11	27	51	9	2	3	12
12	13	59	3	4	3	4
13	9	63	5	4	2	8
14	17	57	7	3	4	5
15	20	66	5	6	1	7

由表可知,国际中文课堂中,教师几乎每节课都会使用一部分指定回答的方式进行提问,内容包括拼音和汉字认读、拼音和汉字听写、词汇造句、课文朗读等等。国际中文课堂指定回答的好处是不论是否举手,每个学生都有回答问题的机会,教师可以借此判断哪些学生对哪几种汉语知识点的掌握还比较薄弱,在日后的课堂

中可以针对不同学生的薄弱环节进行重点操练。在指定回答中,也有部分学生会直接回答"不会"或者"没想好",此时教师通常采用鼓励的策略,如"没关系,上来试一试"等句子鼓励学生大胆表达。例如样本 4:

> T:(姓名)你来写"明"字。
>
> S1:老师,我不会。
>
> T:没关系,写写看。
>
> T:提示一下,明的左边是_____?
>
> 全体学生:日。

教师检查学生的词汇复习情况,指定学生写"明"字,即使学生不会写,教师也没有直接进行批评,而是采取言语鼓励和让其他同学进行提示的方法引导学生写出正确答案,这种教学方式十分值得从事第二语言教学的教师借鉴。

学生举手次数的多少是课堂氛围是否活跃的参考标准之一,由于所考察的对象是国际中文小学课堂,因此,受小学生活泼好动的性格的影响,他们更愿意在课堂上举手回答问题,课堂气氛总体较为活跃。

国际中文教师在不指定回答中,通常也会优先选择举手的学生回答问题,举手的学生被老师点名回答问题后,往往会在教师提出下一个问题时继续举手回答,形成良性循环,对汉语学习的兴趣也因此不断增加。

对于不举手回答问题的学生,教师也需要留意他们不愿意举手回答的原因,若是性格内向但是对于汉语基础还不错的学生,可以问他们一些锻炼其汉语表达能力的问题;若是汉语基础知识本身较为薄弱的学生,则需要从基础知识入手,适当多让这部分学生回答问题,保证他们对课堂的专注力。

教师自答一般适用于提醒学生注意某些关键的知识点,或是把控课堂节奏,起到顺承课堂的作用。例如样本 1:

> T:我们看"支"的第一笔是什么?
>
> T:是"横"。

教师在讲解"支"字的笔顺时,一步步带领学生观察并动笔书写,加强对这个字的记忆。

综上,国际中文课堂教师主要还是采用不指定回答的方式进行提问,其中又以点名举手的学生回答问题占提问分配的大多数。但是,国际中文教师在课堂上会灵活采用多种提问分配方式,尽量兼顾到每位学生的不同情况,努力做到课堂提问分配的最优解。

5.3　学生回答情况考察

5.3.1　回答的方式

国际中文课堂由于国别不同、课堂形式不同,因此学生回答问题的方式受国家文化影响较大,笔者所选取的教学样本共涉及 4 大洲 10 个国家,因此样本中学生的文化背景差异较大。

如泰国、菲律宾等东南亚学生,及南非等非洲学生,在课堂上回答问题时都是先举手,待教师点名后再起立回答,菲律宾学生在回答问题之后还会说"谢谢老师",以表示对教师的尊敬。

但是,由于笔者考察的对象是小学生,较为活泼好动,乐于在课堂上表现自己;又处于学习汉语的初级阶段,所学的知识都较为简单,因此往往会有学生在教师刚提问完问题就已经抢答出答案,若举手后教师迟迟不点名则会站起来以引起教师的注意。

对于欧美国家的学生来说,他们习惯了自由轻松平等的课堂氛围,因此上课时也往往是围坐在一起,回答问题时不一定会先举手后起立,部分问题学生直接坐在位置上听课、回答问题。

5.3.2　思考的时间

思考时间指的是教师在提出问题后,学生从思考答案到回答问题的过程中所花费的时间。一般来说,思考时间越长,则代表该问题的难度系数越大。当一个问题特别难时,则可能出现学生思考之后依然无人举手回答问题的情况。

我们从上文研究的不同提问的类型,即展示性问题、参考性问题和回应性问题入手,分别研究学生的思考时间。为了考察学生在回答不同类型的问题时思考的时间是否有差异,先统计样本教学视频中每种问题类型学生思考时间的平均时长,再提出以下两种假设:

H0：μ 展示性问题 = μ 参考性问题 = μ 回应性问题

H1：至少有一种问题类型学生的思考时间显著不同于其他两种。

这里的 μ 代表总体平均数。零假设是三组平均数之间无显著差异,研究假设是至少有一种问题类型的思考时间显著不同于其他两种。我们把显著水平设置为 $\alpha = 0.05$。那么,如果检测结果显著性 $p \leqslant 0.05$,我们拒绝零假设,接受研究假设,即认为不同的问题类型对学生的思考时间有影响;如果 $p > 0.05$,我们不拒绝零假设,认为不同的问题类型对学生思考时间没有显著影响。

进行单因素组间方差分析后,得出如下结果:

表 5－7　国际中文课堂不同问题类型思考时间统计

时间	A 展示性问题 （n＝15）		B 参考性问题 （n＝15）		C 回应性问题 （n＝15）		F(2,42)
	M	SD	M	SD	M	SD	
	0.43	0.37	0.70	0.32	0.43	0.46	2.383*

* $p＝0.105＞0.05$

分析结果表明,国际中文课堂中,不同的问题类型学生的思考时间并没有显著差异,这可能是因为国际中文教师在学生学习汉语的初级阶段提出的展示性问题和参考性问题的难度区别不大,都是一些比较简单的汉语基础知识相关问题,学生不需要经过太长的思考时间就可以答出答案。即使有一些较难的问题,教师也会积极鼓励学生勇敢回答,在教师的引导下,学生通常可以回答出正确答案。

5.4　教师对学生的回答反馈

教师对学生的回答反馈是指教师在学生回答后进行评价。教师的反馈策略与提问策略一样,都可以在一定程度上反映教师的教学策略是否丰富、课堂组织能力是否扎实,以及是否能够关注到学生的课堂行为表现。

根据对教学视频样本的观察,笔者发现,国际中文教师和小学语文教师都使用字数简短且形式简单的句子进行反馈,反馈句的字数一般都在 1—2 个字,鲜有字数较长的句子。因此,在句子长度方面不再单独进行具体研究。本节从反馈的频率和反馈的态度两个方面进行考察。

5.4.1　反馈的频率

反馈的频率即教师对学生回答作出反馈的数量与教师提问的总数量之比。首先统计反馈的总频率,即一节课全部问题反馈的频率。数据显示,国际中文课堂教师反馈的总频率为 0.80 次/每个问题,说明教师对绝大部分的学生回答都进行了反馈。

接着,考察不同的课堂环节教师反馈的情况,与前文考察方法相同,从课堂导入环节、语法知识讲解环节和课堂总结环节三个方面入手,分别考察教师对学生回答反馈的频率。

为了方便量化研究,笔者使用单因素组间方差分析办法,研究三个课堂环节教师对学生回答作出反馈的平均数是否存在显著差异。提出假设

H0:μ 课堂导入 = μ 课文讲解 = μ 课堂总结

H1:至少有一个课堂环节的教师反馈平均数显著不同于其他两种

我们把显著水平设置为 $\alpha = 0.05$。那么,如果检测结果显著性 $p \leqslant 0.05$,我们拒绝零假设,接受研究假设,即认为不同的课堂环节对教师作出反馈的数量多少有影响;如果 $p > 0.05$,我们不拒绝零假设,认为不同的课堂环节对教师作出反馈的平均数量没有显著影响。进行单因素组间方差分析后,得出如下结果:

表 5 - 8　国际中文课堂不同课堂环节反馈频率统计

	A 课堂导入 (n = 15)		B 课文讲解 (n = 15)		C 课堂总结 (n = 15)		F(2,42)	Post Hoc (Tukey)
	M	SD	M	SD	M	SD		
时间	4.60	3.00	56.60	13.88	4.07	2.58	196.876*	B>A B>C A>C

* $p < 0.05$

由表可知,不同的课堂环节,教师对学生回答作出反馈的频率有所不同,在课堂导入和课堂总结环节,教师的反馈频率明显低于生词等基础知识讲解环节和课文探究环节。

5.4.2　反馈的态度

根据所选取的教学视频样本,我们将国际中文教师的课堂反馈类型分为肯定反馈、否定反馈和中性反馈,并分别统计各类反馈用语出现次数最多的前 5 句,列入下表:

表 5 - 9　教师反馈用语统计表

样本序号	肯定反馈	次数	否定反馈	次数	中性反馈	次数
01	好。	242	不对。	28	是吗?	35
02	好的。	179	不是。	10	对吗?	24

样本序号	肯定反馈	次数	否定反馈	次数	中性反馈	次数
03	对。	128	是……	13	同意吗?	12
04	对了。	76	再想想。	2	先请坐。	4
05	很好。	39	/	/	谁再来说说?	4

国际中文课堂中,教师反馈频率最高的是"好""对"这类简短的语句,并且在课堂的不同环节,反馈的频率并没有显著差异。国际中文教师很少采用否定反馈,即使采用否定反馈,也都是在反馈后及时纠错,让学生加深对正确答案的记忆。若学生回答错误,教师通常采用中性反馈,即提问其他学生该答案是否正确,让大家一起思考。对于初级阶段的汉语学习者来说,第二语言的学习原本就不是一件轻松的事情,倘若教师非常严格地将学生的某些发音判为错误读音的话,很容易影响学生学习汉语的兴趣。此外,由于教学对象是小学生,学生在受到教师的肯定反馈后,会自认为非常有成就感,从而更加踊跃地参与课堂。

总体来看,国际中文教师的反馈语句较为简短、反馈形式较为单一,鲜有形式新颖的反馈。这样做的好处是可以缩短不必要的课堂时间,在课堂上尽量提问更多的同学,弊端则是可能会使学生觉得有些枯燥。

5.5　本　章　小　结

研究发现,国际中文小学课堂教师的提问频率很高,平均提问频率为 2.6 次/分钟,提问主要集中在课堂讲解环节,课堂导入环节次之,课堂总结环节教师的提问数量总体较少。

在问句长度方面,教师会适量把控问句的长度,不会采用过长的句子进行提问。所选取的视频中,教师提问的最长字数都没有超过 20 个字,所有问句的平均长度也没有超过 7 个字。由于所统计国际中文课堂的教学对象都是母语非汉语的小学生,他们的汉语水平较低,暂时还无法理解较长的汉语句子,因此国际中文教师便会采用短而简单的句子进行提问。此外,由于所考察的教学视频中只有一个中级阶段的汉语课堂,未发现国际中文教师所使用的问句长度与学生的汉语水平有显著关联。

在问句的形式方面,教师通常采用多种提问形式进行提问,其中又以一般疑问

句中的是非问和正反问居多。值得一提的是,国际中文课堂中,教师会以陈述句的
方式进行提问,如"(姓名)来写一个清字"。

在问句类型方面,国际中文教师提出的展示性问题最多、参考性问题其次、回
应性问题最少。这是由于展示性问题的难度一般较小,适用于初级阶段的汉语学
习者。

在提问分配方面,国际中文教师更倾向于让学生集体回答和点名举手的学生
回答,"先点名再提问"的方式在国际中文课堂中也并非鲜见,总体来说提问的分配
方式较为丰富。

在学生回答方面,国际中文课堂学生回答问题的方式受国别文化差异影响较
大,亚非国家的学生课堂纪律更严格,学生回答问题是通常先举手、再起立,有些学
生还会对教师鞠躬并说"谢谢老师";而欧美国家的课堂氛围更为轻松活泼,学生与
教师关系更为平等,学生回答问题的方式也更多样。

学生回答问题时的思考时间与问题的难度、学生组织语言的能力有关,但是从
统计结果来看,国际中文课堂学生回答问题时的思考时间与问题类型并无显著
关联。

在教师反馈方面,国际中文课堂教师反馈的频率为 0.80 次/问题,说明教师对
绝大部分的学生回答都进行了反馈。其中,课堂讲解环节反馈的频率更高。

在反馈态度方面,教师通常采用肯定反馈的方式,即使学生回答得不正确,教
师也会采用中性反馈帮助学生树立信心,较少使用否定反馈对学生进行批评。

第6章 小学语文课堂问答考察

6.1 小学语文课堂问答总体情况

经过对搜集到的 30 个小学语文视频进行随机抽样后,共计考察小学语文课堂视频 15 个,其中一年级视频 3 个,二年级视频 5 个,三年级视频 4 个,四年级视频 3 个。在抽样的视频中,男性担任教师的课堂视频有 3 个,女性担任教师的课堂视频有 12 个。本文共计观察小学语文时长 675 分 36 秒,记录课堂问答活动 741 次,收录课堂提问语 741 条。抽样课堂视频的有关情况如下表所示:

表 6 - 1 小学语文课堂抽样对象

小学语文课堂情况			
样本序号	样本年级	样本教师	样本学生数量
01		青年女性	42
02	一年级	中年女性	40
03		青年女性	36
04		青年女性	46
05		青年女性	40
06	二年级	中年女性	38
07		青年女性	40
08		中年女性	36
09		中年男性	44
10		中年女性	42
11	三年级	中年女性	38
12		青年男性	44

小学语文课堂情况			
样本序号	样本年级	样本教师	样本学生数量
13	四年级	青年男性	42
14		青年女性	48
15		青年女性	46

6.2　小学语文课堂问答总体情况

6.2.1　提问的频率和数量

根据所选取的教学视频统计,小学语文课堂的整体提问频率是1.09次。

通常来说,一节小学语文课可以分为导入部分、生字词等基础知识讲解部分、课文探究部分和课堂总结部分。我们将所搜集的课堂视频分为这四个部分进行研究,分别统计每个部分教师提问的频率。

除此之外,国际中文课堂提问的频率和数量考察中,学生向教师提问和教师向学生确认是否听懂的问题在小学语文课堂教学样本视频中也出现了,因此仍然将二者纳入研究范围,同样归类为"其他"。

表 6－2　小学语文课堂各环节提问数量统计（个）

样本序号	导入环节	生词等基础知识讲解环节	课文探究环节	课堂总结环节	其他	
					学生问教师	教师确认
01	2	14	21	6	1	5
02	3	6	30	1	0	7
03	2	14	30	2	0	4
04	1	20	8	5	0	5
05	1	11	30	5	0	8
06	2	10	26	2	0	9

样本序号	导入环节	生词等基础知识讲解环节	课文探究环节	课堂总结环节	其　他	
					学生问教师	教师确认
07	2	6	34	3	0	3
08	3	14	35	2	0	2
09	1	18	26	1	0	4
10	2	7	42	1	0	3
11	2	13	21	1	0	5
12	1	6	45	3	1	4
13	1	17	16	2	0	5
14	1	8	31	4	0	3
15	1	11	30	3	0	6
平均	1.7	11.7	28.3	2.7	0.1	4.9

由上表可知,小学语文课堂教师的提问主要集中在生词等基础知识讲解和课文探究方面,平均提问数量分别为 11.7 个和 28.3 个,远远超过课堂其他环节。

导入环节的问题平均数量为 1.7 个,教师通常通过复习上节课所学的内容或是用图片展示等方式导入过渡到新课,这类导入环节方式传统,但是充分复习了上节课所学习的内容,对提升课堂效率有一定帮助。也有个别老师会通过让学生猜谜语等有趣的方式引入新课,这类有趣的环节激发了学生的课堂兴趣,吸引了学生的注意力,但是在课堂导入环节之后,可能还有部分学生的注意力沉浸在上一环节中,无法迅速进入新课堂的学习状态。

生词等基础知识的讲解和课文探究是小学语文课堂的主体部分,因此这部分教师提问也占了课堂总体提问的大部分。课堂上,教师需要通过不断地向学生提问来进行复习,使学生进一步巩固知识。例如样本 2:

T:谁来把这一行生词读一下?

S1:……

T:谁来读一下第二行?

S2:……

T：她读得对吗？

全体学生：对。

课堂总结环节大多是教师总结这节课所学习的内容,向学生提出一些总结性的问题以巩固所学内容,教师通常会让全班学生一起回答,或者点多名学生站起来回答问题。这部分教师提问的数量不多,且课堂节奏较快。

除此之外,其他提问部分也值得关注。由表6‐2可知,国内小学语文课堂中,学生向教师提问的次数很少,大多数学生在课堂上习惯于被动听课、被动回答问题,很少主动思考并提出自己的疑问。教师向学生确认是否听懂了所讲授的内容在小学语文课堂中也较为常见,由于小学生年纪小、接受能力和注意力都有限,因此教师需要不时地向他们确认是否能够跟上课堂节奏。例如样本11：

T：有了时间地点人物,所以咱们就说这是一篇记叙文,明白了吗？

全体学生：明白了。

影响一节课中教师提问的次数的因素有很多,例如该课的重点内容、课文本身的难易度、不同教师的教学特点、学生的学习水平与班级总体特征等等。因此,不能仅仅认为提问数量越多的课堂,教学效果就越好,提问数量较少的课堂也并不一定就效率低下。但是,一节小学语文课中,教师提问的数量越多,则代表师生课堂互动频率越高,学生的注意力就越容易集中,对于小学阶段的学生来说有利于提高他们的课堂学习效率。

6.2.2　问句的长度

小学语文教师在课堂提问,特别是在对低年级学生进行提问时,为了让学生听懂问题、记住问题,通常不会采用较长的句子进行提问。教师采用短小的句子提问,不仅可以让学生集中注意力理解问题的意思,还可以从心理上降低学生对问题难度的把握,激发学生参与课堂问答的积极性。笔者选取的视频样本中,教师的问句长度统计结果如下：

表6‐3　小学语文课堂问句长度统计

样本序号	总字数	问句数量	平均字数	最长字数	最短字数
01	232	49	4.7	17	4
02	280	47	6.0	16	4

续　表

样本序号	总字数	问句数量	平均字数	最长字数	最短字数
03	291	52	5.6	15	4
04	293	39	7.5	10	3
05	281	55	5.1	10	4
06	230	49	4.7	15	4
07	264	48	5.5	15	6
08	392	56	7.0	9	3
09	305	50	6.1	16	3
10	259	55	4.7	13	4
11	298	42	7.1	15	6
12	380	60	6.3	10	4
13	268	41	6.5	17	3
14	343	47	7.3	11	4
15	280	51	5.5	10	5
平均字数(个)	293.0	49.4	6.0	13.3	4.3

以上可见,不论是低年级还是中年级的小学语文教师,在课堂提问时所使用的问句的平均长度为 6.0 个字,样本中最短问句最多未超过 8 个字,不仅符合人们日常说话所使用的句子长度为 5±2 个字,也符合小学生的语言理解能力。每节课的最长问句平均字数为 13.3 个字,样本中最长的问句也没有超过 20 个字。此外,中年级小学语文课堂教师提问所使用的问句平均长度较低年级相比并没有显著变化。

在小学语文课堂提问中,参考性问题往往没有标准答案,教师也会针对同一个问题请多名同学站起来回答,此时在提问完第一名学生后,教师在提问第二、第三名学生时则会明显缩短问句长度,直接使用"还有吗?""还有谁来说?"这类字数较短的问句提问。例如样本 1:

T:这究竟是一件怎样的新衣?

S1:是一件漂亮的新衣。

T：还有谁来说说？

S2：是看不见的新衣。

T：还有谁？

S3：是欺骗人的新衣。

T：还有吗？

S4：是愚蠢的新衣。

教师多次向学生提问同一个问题时，直接使用字数较短的问句进行提问，既缩短了不必要的提问时间，又能够使课堂教学安排更加紧凑，快速转换回答的对象也不会使学生产生课堂倦怠感。

小学语文课堂中，有时教师提一个问题并不能直接得到想要的答案，因此就需要通过追问来激发学生进一步思考。教师在提出追问后，可以继续让回答上一个问题的学生回答，也可以点其他学生回答，也可以让全班学生一起回答。追问的问题字数往往较第一个问题更长，因为教师往往是通过对上一个问题进行进一步解释来激发学生思考。例如样本8：

T：我们总结一下，这篇课文讲了什么？

S1：我参加毕业典礼。

T：没错。那么这件事发生的时间是在？

全部学生：今天。

T：很好。再回答老师，这件事情发生的地点是在？

全部学生：学校里。

T：那就奇怪了，前面还有那么多事是怎么来的呀？

S2：这些事情是小时候爸爸叫英子去做的事情。是回忆。

T：这个词非常好，叫做"回忆"。

在样本8中，教师为了引导学生说出"回忆"这个词，一连提了多个问题，不仅总结了课文的主要内容，问题与问题之间也是层层深入的关系，最终引导学生学习关键词"回忆"。

6.2.3　问句的形式

同国际中文课堂问句考察一样，笔者将国内小学语文课堂的问句形式分为以下几类：

① 是非问。学生回答是非问句，用"是、对"或"不是、没有"等作答。例如："它的声旁是'见'，对吗？"

② 正反问。例如:"你们喜欢不喜欢他的行为?"

③ 特指问。例如:"为什么小鸟觉得不自在?"

④ 选择问。例如:"他的心情是快乐还是悲伤的?"

⑤ 陈述句。例如:"(姓名)来写一个字。"

⑥ 反问句。所选取的教学样本视频中,没有教师使用反问句的实例,因此,在国际中文课堂考察中不研究反问句形式的问句。

⑦ 做动作代替言语提问。

表6-4是所选取的样本视频中,教师在课堂提问时运用以上7种问句形式的情况统计。

表6-4　不同问句形式出现次数统计表

样本序号	①	②	③	④	⑤	⑥	⑦	提问总量
01	5	3	37	1	0	1	2	49
02	4	6	25	7	0	0	5	47
03	3	1	42	3	0	0	2	52
04	4	4	18	6	1	0	8	39
05	2	11	36	2	0	0	6	55
06	5	3	32	5	3	0	1	49
07	7	7	27	2	0	2	0	48
08	4	5	30	9	2	1	3	56
09	3	6	36	1	0	0	7	50
10	6	4	36	4	1	1	2	55
11	5	9	25	0	1	0	6	42
12	6	6	43	2	0	0	2	60
13	6	7	12	7	0	0	1	41
14	9	3	23	5	0	0	5	47
15	5	3	35	5	0	1	3	51

由表 6 - 4 可知,小学语文教师在课堂提问中使用的问句形式很广泛,所有教师在课堂中都运用了 5 种或以上的问句形式。多样的问句形式对于小学语文课堂来说是必要的,教师可以通过变换问句形式激发学生从不同的角度思考问题,丰富课堂活动。

是非问在小学语文课堂教师提问语中几乎每节课都会出现,但是出现的频率总体来说并不高,因为教师通常只是使用是非问来确认学生对于某个观点是否赞同,例如样本 7:

T:所以作者说三月的桃花水是春天的竖琴,是吗?

全体学生:是。

反问句在小学语文课堂提问语中有着相似的效果。与是非问不同的是,教师并没有想让学生回答,而是直接用反问句的形式来表达自己的观点,强调课文所蕴含的道理。例如样本 2:

T:这难道不是在提醒我们要爱护环境吗?

正反问、选择问在小学语文课堂中出现的频率也远远低于特指问,因为正反问和选择问的难度都比较低,教师一般只会在提问一些简单问题时使用。大多数情况下,教师需要学生在课堂上主动思考,因此一般都选择特指问进行提问,既能帮助学生明确问题的意思,又能够根据问题推进课堂节奏。需要特别指出的是,在特指问中,留空问句是特指问中较为常用的一种形式,它类似于试卷中的填空题,类似于陈述句的形式。当教师使用留空问句进行提问时,往往先说出前半句,让学会回答后半句。留空问句可以很好地让学生将注意力集中在教师身上,这类问句可以有固定答案,也可以没有固定答案由学生自由发挥。

陈述句和做动作代替言语提问都是小学语文课使用频率较低的提问形式。陈述句大多用在教师让学生完成书上的或黑板上的习题。

做动作代替言语提问可以让学生将注意力集中在老师身上,避免教师重复多个相同问题使学生觉得枯燥,同时也使课堂气氛更加活跃和轻松。

6.2.4　问句的类型

同国际中文课堂提问考察一样,笔者在考察小学语文课堂时,依然将教师的提问分为展示性问题、参考性问题和回应性问题三种类型。以下是三种问句类型在小学语文课堂中的数量及所占比例统计表:

表 6 - 5   三种问题类型数量统计

样本序号	参考性问题	所占比例（%）	展示性问题	所占比例（%）	回应性问题	所占比例（%）	总数量
01	29	59.2	15	30.6	5	10.2	49
02	33	70.2	10	21.3	4	8.5	47
03	31	59.6	16	30.8	5	9.6	52
04	22	56.4	9	23.1	8	20.5	39
05	35	63.6	17	30.9	3	5.5	55
06	26	53.1	15	30.6	8	16.3	49
07	30	62.5	16	33.3	2	4.2	48
08	32	57.1	19	33.9	5	8.9	56
09	29	58.0	16	32.0	5	10.0	50
10	30	54.5	21	38.2	4	7.3	55
11	21	50.0	15	35.7	6	14.3	42
12	45	75.0	11	18.3	4	6.7	60
13	23	56.1	15	36.6	3	7.3	41
14	27	57.4	15	32.0	5	10.6	47
15	29	56.9	17	33.3	5	9.8	51

根据表可知,小学语文课堂中,参考性问题所占的比例是三种类型问题中最多的,均超过所有课堂提问的50%。这说明,小学语文教师对于参考性问题都十分重视,将其作文课堂提问的主体,穿插于课堂的各个环节。例如样本13:

T：大家知道我国有哪些航天器吗?

S1：神舟五号。

S2：神舟六号。

S3：嫦娥一号。

以上是课堂导入环节教师提出的参考性问题,向同学们提问有关于我国航天事业发展的问题,教师借此引出课文主题《千年圆梦在今朝》。课堂导入环节的参考性问题通常比较简单,主要是为了调动学生的课堂积极性。例如样本 13:

> T:我们的飞天梦是怎样实现的?
>
> S1:明代的时候的官员是世界上第一个实验利用火箭飞上天的人。
>
> T:这是第一步。还有吗?
>
> S2:1970 年我们搞了人造卫星"东方红一号"。

以上是同一节课中,课堂探究环节教师提出的参考性问题,教师向同学们提出这节课最关键的一个问题,即"我国的飞天梦是怎样实现的"。这个问题学生可以按照航天事业发展的时间顺序来回答,也可以按照航天器的种类来回答,没有固定的答案,学生也不必按照书上的顺序来回答。教师在讲解这个问题时需要做到的就是正确引导,例如第一个学生按照时间顺序来回答,教师便可以引导接下来的学生也按照时间顺序来回答。样本 13:

> T:你认为咱们国家以后还会有哪些航天进步?
>
> S1:我们可以建立永久的空间站。
>
> T:还有吗?
>
> S2:我们可以在太空种植蔬菜。

以上是同一节课中,课堂总结环节教师提出的参考性问题。教师让学生充分展开想象力,想象我们国家未来的航天事业会有怎样的进步,随后便可以此为由,布置作业,让学生写一篇有关于航天事业畅想的作文,使得课堂收尾十分自然。

由此可见,小学语文教师可以在课堂的任何一个环节中灵活运用参考性问题,按照由易到难的顺序,逐步提升学生的思考能力。

部分老师习惯运用展示性问题导入课堂,例如样本 2:

> T:孩子们,我们上节课学了哪首古诗?
>
> 全体学生:《静夜思》。
>
> T:诗的作者是谁?
>
> 全体学生:李白
>
> T:他是哪朝的?
>
> 全体学生:唐朝。

　　教师在课堂导入环节提出这类较为简单的展示性问题,是帮助学生复习上节课所学的重点内容的好方法。例如样本 1:

　　T:皇帝怀疑自己做错了吗?

　　全体学生:没有。

　　T:所以他会对大臣们说什么?

　　在课文探究环节,教师先提出一个展示性问题,待学生回答出正确答案之后再提出一个参考性问题供学生进一步思考。这两类问题相结合可以做到层层深入,细化课文内容。

　　回应性问题并没有直接对学生的学习情况进行检测,大多数回应性问题也并不能直接考察本课的生词与课文内容,一般是教师对向学生提出的要求进行说明,或是向学生确认答案、确认是否听懂老师的话。例如样本 14:

　　T:所以他爱美是吗?

　　全体学生:是的。

　　但是,笔者认为,教师在小学语文课堂中不可过多使用回应性问题,虽然向学生确认答案可以对相关知识点起到强调的作用,但是回应性问题过多会显得教师的课堂语言过于冗余且自信心不足。

6.2.5　提问的分配

　　与国际中文课堂考察的方式相同,我们先比较小学语文课堂中指定回答和不指定回答的情况。

　　统计显示,15 位小学语文教师中有 12 位在课堂上没有选择指定回答的提问方式,全部课堂问题均使用不指定回答的提问方式。样本 3、样本 6 和样本 10 的三位小学语文教师在课堂上使用了指定回答的提问方式,提问数量分别为 2 个、2 个和 3 个。由此可以看出,小学语文教师在课堂上基本上使用不指定回答的方式。当教师在提问前就指定某位学生或部分学生回答该问题时,未被点名的同学可能会认为“问题与我无关”,因此不再集中注意力,进而遗漏掉某些知识点。即使教师在课堂上偶尔使用指定回答的方式进行提问,也大多是为了提醒部分注意力不集中的学生认真听讲。

　　在教师不指定回答中,根据对教学样本视频的观察,将不指定回答分为全体学生回答、点名举手的学生回答、点名未举手的学生回答、点名部分学生回答和教师自答五种类型,具体研究教师不指定回答时的提问方式。

表 6-6 小学语文教师提问分配情况统计

样本序号	不指定回答					指定回答
	全体学生回答	点名举手的学生回答	点名未举手的学生回答	点名部分学生回答	教师自答	
01	7	38	2	2	0	0
02	13	28	1	4	1	0
03	5	40	2	2	1	2
04	7	26	2	1	3	0
05	3	50	0	2	0	0
06	11	35	1	0	0	2
07	9	34	0	3	2	0
08	12	41	0	2	1	0
09	14	32	0	4	0	0
10	8	40	1	2	1	3
11	7	29	0	6	0	0
12	5	51	2	1	1	0
13	9	26	2	2	2	0
14	10	33	0	4	0	0
15	11	38	1	0	1	0

由表可知,教师不指定回答中,点名举手的学生回答在一堂课所有提问方式中所占的比例最大,其次是让全体学生一起回答。

学生举手回答问题的次数也可以从侧面反映一堂课的活跃程度,学生举手的次数越多,说明他们的课堂参与度越高,对教师提出的问题的理解性也越强。对于小学生来说,举手后被教师安排回答问题也是一件值得骄傲的事情,因此许多学生如果一次举手没有被安排回答问题的话,下一个问题他们依然会积极举手,直到被老师叫到回答问题为止。例如样本 1:

T:皇帝已经愚蠢得无可救药了,是吗?

全体学生:是。

T：但是他的话真的对任何人有杀伤力吗？

S1：我认为不是的，比如对小男孩就没有。

教师先提出一个较为简单的问题，全班学生一起回答后教师又提出第二个问题，再点个别学生回答问题。将这两种提问方式相结合，既可以区分问题的难易，又可以让学生集中注意力，是良好的课堂节奏的典范。小学语文教师在实际教学过程中，需要先对课堂中提出的问题难度有大致了解，在提问时知道"什么样的问题可以让学生集体回答"，而不是为了加快课堂节奏，不论什么问题都直接让学生齐答。

点名未举手的学生回答问题时，教师要注重引导，并且耐心等待。部分问题学生经过教师的引导之后可以得出答案，例如样本4：

T：除了大象，还有谁的耳朵是耷拉着的？

S1：有些小狗的耳朵耷拉着。

T：还有呢？

S2：有兔子的耳朵耷拉着。

T：还有吗？再想想，我们上学期学过的课文里。

S3：有小猪。

T：很好。

这一类难度不是特别大的问题，学生可能一时回答不出来，但教师只需要稍加引导，便可以让学生得出正确答案。

点名部分学生回答问题，最常见的便是"男生/女生来回答一下"，或是"第一组/第二组的同学来回答一下"，分组回答前，教师可以设置不同组来比赛的教学活动，激发学生的课堂兴趣，利用小学生的"比优"心理进行提问，这样学生在回答问题时会更加积极、声音更响亮。

教师自答在师生言语互动总量中所占的比例很小，一般情况下，大多数教师不会在课堂上频繁地自己给出问题的答案。教师自答和回应性问题的作用相似，都是向学生确认问题的答案，起到强调该知识点和提醒学生集中注意力的作用。

6.3　学生回答情况考察

6.3.1　回答的方式

国内小学语文课堂学生听课都是采取坐着听课的方式，且每个人都配有一张固定的书桌、固定的教材。但是，学生在回答问题时通常都采用"先举手、后起立回答问题"的方式。有时也会出现学生听到问题后不举手就直接抢答的情况。

根据取样的教学视频,样本 2 和样本 9 中出现了一次未举手就直接抢答的情况,并且学生是直接坐在位置上回答问题。其余所有学生在回答问题时都是"先举手、后起立回答"(教师指定回答、教师不指定部分学生回答和学生集体回答除外)。

6.3.2　答句的类型

观察教学视频样本后发现,除了样本 15 中有一名学生在回答问题时向使用疑问句教师提出了一个问题外,所有学生均用陈述句回答教师提出的问题,因此对于小学语文课堂学生答句的类型不做多余研究。

值得一提的是,学生在课堂上向教师提问的频率一定程度上反映了学生对于本节课所学的知识思考的深度。国内小学生们习惯被动接受知识,只是在教师提出问题后进行思考,较少主动对课文内容进行思考。小学语文教师在上课时可适当培养学生的创新思维和主动思考的能力。已有部分教师开始在课堂中使用这种教学理念进行提问。例如样本 5:

T:对今天的课文,你还有什么疑问或者发现吗?

教师在课堂总结部分主动提问学生对该课的内容是否还有发现和疑问,虽然学生的回答是"没有",但是若教师经常在课堂最后提出这样的问题,学生便会形成习惯主动思考是否还有不明白的地方,在上课的过程中也会主动寻找教师没有讲到的内容,对于培养学生的思维能力有很大帮助。

6.3.3　思考的时间

同考察国际中文课堂一样,从上文研究的不同提问的类型,即展示性问题、参考性问题和回应性问题入手,分别研究学生的思考时间。为了考察学生在回答不同类型的问题时思考的时间是否有差异,先统计样本教学视频中每种问题类型学生思考时间的平均时长,再提出以下两种假设:

H0:μ 展示性问题 = μ 参考性问题 = μ 回应性问题

H1:至少有一种问题类型学生的思考时间显著不同于其他两种。

μ 代表总体平均数。零假设是三组平均数之间无显著差异,研究假设是至少有一种问题类型的思考时间显著不同于其他两种。我们把显著水平设置为 $\alpha = 0.05$。那么,如果检测结果显著性 $p \leqslant 0.05$,我们拒绝零假设,接受研究假设,即认为不同的问题类型对学生的思考时间有影响;如果 $p > 0.05$,我们不拒绝零假设,认为不同的问题类型对学生思考时间没有显著影响。

进行单因素组间方差分析后,得出如下结果:

表 6 - 7　不同问题类型对学生思考时间的影响差异

	A 展示性问题 (n = 15)		B 参考性问题 (n = 15)		C 回应性问题 (n = 15)		F(2,42)	Post Hoc (Tukey)
	M	SD	M	SD	M	SD		
时间	1.05	0.24	2.56	0.51	0.72	0.25	114.185*	B>A B>C A>C

* p<0.05

分析结果表明,小学语文课堂中,教师提问的问题类型不同,对于学生的思考时间有显著影响(F(2,42) = 114.19,p = 0.00<0.05),具体来说学生回答参考性问题的思考时间最长,显著高于回答展示性问题的思考时间和回答回应性问题的思考时间,其与思考回应性问题的时间的平均数之差(MD)为 1.840 00,与思考展示性问题的时间的平均数之差(MD)为 1.513 33。

小学语文课堂中,学生思考展示性问题的时间较短,平均时间不超过 1.5 秒,一方面是因为展示性问题难度较低,学生无须经过大量思考即可得出答案,甚至有部分学生在教师刚提出问题时就已经抢答出答案;另一方面是因为课堂教学时间有限,学生已经习惯了教师刚提完问题就点名回答,因此思考时间较短。

参考性问题的难度比展示性问题的难度略大一些,且并没有唯一的固定答案,教师在提完问题后通常会给学生 2—3 秒的思考时间,此时若有学生主动举手回答问题,教师则会点名主动举手的学生进行回答;若是没有学生主动举手回答问题,教师可能会延长等待时间供学生思考,或是用鼓励性的方式请未举手的学生回答问题。例如样本 2:

T:为什么爸爸的心会痛?

S1:因为毕竟是打在自己的孩子身上。

T:还有什么原因?没关系,你随便说说看。

S2:因为后来爸爸还去学校给英子送东西。

T:说得很好。

以上便是教师在追问"还有什么原因"时点了一位没有举手的学生回答,由于该学生并未举手,所以默认其并没有思考好该问题的答案。教师此时用鼓励性的话语"没关系,随便说说看"帮助学生树立自信,学生便不用担心自己因为回答错误而遭到批评。随后,教师接着采用鼓励性的反馈"说得很好"。

回应性问题是教师向学生确认答案或是向学生确认该问题是否听懂,因此学生几乎不需要思考就可以得出答案,学生对该类型问题的思考时间是最短的,在此不做过多研究。

6.4　教师对学生的回答反馈

6.4.1　反馈的频率

反馈的频率即教师对学生回答作出反馈的数量与教师提问的总数量之比。先统计反馈的总频率,即一节课全部问题反馈的频率。数据显示,小学语文课堂教师反馈的总频率为 0.67 次/每个问题,即教师对超过一半的学生回答都进行了反馈。

接着,继续考察不同的课堂环节教师反馈的情况,根据前文研究,将从课堂导入环节、生词及基础知识讲解环节、课文探究环节和课堂总结环节四个方面入手,分别考察教师对学生回答的反馈的频率。

为了方便量化研究,我们使用单因素组间方差分析办法,研究四个课堂环节教师对学生回答作出反馈的平均数是否存在显著差异。

提出假设 H0: μ 课堂导入 = μ 基础知识讲解 = μ 课文探究 = μ 课堂总结

H1:至少有一个课堂环节的教师反馈平均数显著不同于其他三种

我们把显著水平设置为 $\alpha = 0.05$。那么,如果检测结果显著性 $p \leqslant 0.05$,我们拒绝零假设,接受研究假设,即认为不同的课堂环节对教师作出反馈的数量多少有影响;如果 $p > 0.05$,我们不拒绝零假设,认为不同的课堂环节对教师作出反馈的平均数量没有显著影响。

进行单因素组间方差分析后,得出如下结果:

表 6-8　不同课堂环节对教师反馈次数的影响差异

	A 课堂导入环节 (n = 15)		B 基础知识讲解 (n = 15)		C 课文探究环节 (n = 15)		D 课堂总结环节 (n = 15)		F (2,42)	Post Hoc (Tukey)
	M	SD	M	SD	M	SD	M	SD		
反馈频率	1.07	1.16	12.20	7.23	17.47	3.38	2.40	1.50	55.474*	B>A B>C B>D

* $p < 0.05$

由表可知,不同的课堂环节,教师对学生回答作出反馈的频率有所不同,在课堂导入和课堂总结环节,教师的反馈频率明显低于生词等基础知识讲解环节和课文探究环节。其中,教师在课文探究环节反馈的频率最高,其与课堂导入环节的反馈频率的平均数之差(MD)为 16.400,与基础知识讲解环节反馈频率的平均数之差(MD)为 5.267,与课堂总结环节反馈频率的平均数之差(MD)为 15.067。

小学语文课堂中,教师在课堂导入和总结环节所花费的时间都比较少,因此也就往往省略掉对学生的回答进行反馈,一方面节约课堂时间,推进课堂节奏;另一方面避免过多的反馈使学生感到枯燥无味。

6.4.2　反馈的态度

根据所选取的教学视频样本,将小学语文教师课堂反馈分为肯定反馈、否定反馈和中性反馈,并分别统计各类反馈用语出现次数最多的前 5 句列入下表:

表 6‐9　教师反馈用语统计表

样本序号	肯定反馈	次数	否定反馈	次数	中性反馈	次数
01	好。	75	再想想。	19	还有吗?	156
02	很好。	66	不对。	10	是吗?	59
03	嗯。	43	再读读课文。	5	是这样吗?	22
04	是的。	12	谁来纠正他?	3	对吗?	12
05	诶。	9	好像不是这样。	2	你先坐下。	4

小学语文课堂中,教师在生词等基础知识讲解环节的出现次数较高的反馈语内容是"很好""是的"等简短的语句。由于生词等基础知识讲解环节教师所提出的问题一般都比较基础,学生也大多能够快速得出正确答案,因此教师使用这类语句既能对学生的回答作出评价,又不耽误课堂教学时间,提问完一个学生回答后可以迅速提问下一位学生。

在课文探究环节,教师的反馈除了有常规的肯否反馈以外,还有很多以追问代替反馈的实例。例如样本 11:

T：你仿佛听到阿炳在对你说什么?

S1：我仿佛听到了阿炳在对我说那以前坎坷的经历。

T：还有吗？

S1：这惠山二泉的景色真美啊。

T：还有吗？

在学生回答完问题之后，教师没有直接给出肯定或否定的反馈，而是追问学生"还有吗"，激发学生从不同角度进行思考，得出不同的答案，这类评价属于中性评价。

小学语文课堂中，教师一般很少给予学生否定反馈，因为否定反馈容易打击学生信心，下一次学生可能由于害怕答错受到否定而不敢举手回答问题。取而代之，教师再使用否定反馈是也只是用"再想想""谁来纠正他"这类引导学生自我修正和请他人回答的方式，教师对学生巧妙的引导是帮助学生调动自主修正错误的良好途径。与教师直接纠正学生的错误后再对该知识点进行讲解相比，委婉的纠正方式更加照顾学生的自尊心，同时能够培养学生的自我反思能力。请他人回答则可以激发其他学生进一步思考该问题，同时能以此让学生的注意力得到集中，起到强化该知识点的作用。

6.5 本 章 小 结

研究表明，小学语文课堂教师提问频率很高，平均提问频率为 1.09 次每分钟，也就是说，课堂上的几乎每分钟教师都会提出问题。其中，教师的提问主要集中在生词等基础知识讲解环节和课文探究环节，这两个环节也是小学语文课堂的主体。此外，课堂上还有部分教师向学生确认问题的提问和学生向教师提问的相关情况。

在问句长度方面，小学语文课堂教师问句的平均长度为 5.8 个字，且问句长短与上课的年级无关。教师在课堂上很少使用过长的问句提问学生，最长的句子也没有超过 20 个字，较短的问句更方便学生理解问题。教师在连续提出参考性问题时，会明显缩短问句长度，用"还有吗""还有谁"这样的句子代替原本较长的问句。

在问句形式方面，小学语文教师大多采用一般疑问句进行提问，其中特指问是课堂问句的主体，另外还会有教师采用留空问句进行提问，或是用动作代替提问，这样既丰富了提问的形式，又能够适当缩短提问时间，更利于教师把握课堂节奏。

在问句类型方面，展示性问题和参考性问题显著多于回应性问题，是小学语文课堂提问的主体，但是这三种类型的问题均穿插于课堂的各个环节。一般来说，展示性问题的难度小，学生只需要经过简单思考甚至不需要思考即可回答出来。课堂导入环节的参考性问题和其他课堂环节相比较为简单，主要是为了方便教师引入新课、活跃课堂气氛。回应性问题数量不多、内容简单，起到强调问题或知识点的作用。

在提问分配方面，小学语文教师很少采用指定回答的方式，一般都是先提出问题，再让学生回答。与先点名再提问相比，这样做的好处是避免没有被点名的学生产生"问题与我无关"的心理，不再进一步思考。在不指定回答中，教师一般倾向于点名举手的学生回答问题，或是让全班同学一起回答，偶尔也会采用让部分学生回答或是点名未举手的学生回答问题的方式。一堂课中，教师会采用多种提问方式，激发学生的兴趣。

在学生回答方面，学生通常都是采用"先举手，再起立回答问题"的方式进行回答，充分体现了对教师的尊重。小学生的思维较活跃，性格上调皮好动，因此偶尔会有学生在教师刚刚提完问题之后就不举手直接抢答，教师一般不会过多干预。

在学生思考时间方面，学生思考参考性问题的时间略长于展示性问题，这与参考性问题的难度较大有关。如果有问题特别难，教师也不会让学生一直思考影响课堂节奏，在课堂上教师也会鼓励部分未举手的学生回答问题，帮助他们树立信心。

在教师对学生的回答作出反馈方面，超过半数的回答教师都会作出反馈，并且大多采用肯定反馈的方式，语句简练，例如"很好""嗯"这类的短句。即使有学生回答错误，教师直接采用否定反馈的情况也较少，而是用"再想想""谁来帮他"这类让学生自我修正或是让他人回答的方式，避免直接批评学生而对其信心造成打击。

第 7 章　课堂问答比较

7.1　教师提问比较

7.1.1　提问的频率与数量比较

我们观察小学语文和国际中文课堂视频各 15 个,其中小学语文课堂总时长 675 分 36 秒,记录课堂提问语 741 条;国际中文课堂总时长 615 分 14 秒,记录课堂提问语 1 388 条。小学语文课堂的平均提问频率是 0.67 次/分钟,国际中文课堂的平均提问频率是 1.08 次/分钟,国际中文课堂的提问平均提问频率和数量明显高于小学语文课堂。

国际中文教育教师提问的频率更高是由于课堂上需要针对一些词汇和句型进行反复操练,重在巩固汉语基础知识。国际中文课堂的学生人数较少,教师在课堂上会更倾向于让每个学生都进行操练。此外,由于考察的国际中文课堂视频大多都是零基础和初级阶段的课堂,教师的提问都比较简单,学生很容易得出正确答案,缩短了回答时间,教师也就可以在课堂上向更多学生提问。小学语文课堂的参考性问题较多,课堂重在强调对课文的理解而不是对汉语基础知识的操练,因此学生的答句也更长些,受时间限制,教师在课堂上对每个学生都提问的可能性较小。

我们还从不同的课堂环节对教师提问的数量进行了统计,研究发现,两种课堂中教师提问都主要集中在课堂讲解环节。而在课堂导入环节,小学语文课堂教师提问的平均数量为 1.7 个,国际中文课堂教师提问的平均数量为 3.7 个,远高于小学语文课堂。两种课堂中教师都会通过复习上节课所学过的知识进行导入,国际中文教师还会从教室里有的、学生们熟悉的事物入手进行导入,而小学语文教师则更倾向于从课外拓展方面进行导入。在课堂总结环节,小学语文课堂教师提问的平均数量为 2.7 个,国际中文教师提问的平均数量为 1.4 个,小学语文教师在课堂总结环节的提问数量更多,笔者认为这是由于小学语文教师更加注重课堂总结环节,每一位教师都会对本节课所学的内容进行总结,而不少国际中文教师忽略了课堂总结这一环节。

7.1.2 问句长度比较

在问句长度方面,小学语文课堂教师提问语的平均长度为 6.0 个字,样本中每节课的问句平均字数最多也没有超过 8 个字,其中,最长的问句为 17 个字,属于中短型句子;国际中文课堂提问语的平均长度为 5.8 个字,样本中每节课的问句平均字数最多也没有超过 7 个字,所有样本中最长的句子为 17 个字,与小学语文课堂相同。总体而言,国际中文教育课堂和小学语文教学课堂中,在提问语的长度方面并没有明显区别,即教师为了照顾学生的理解能力,都没有使用过长的句子进行提问。

7.1.3 问句形式比较

在问句形式方面,小学语文和国际中文课堂最常使用的都是一般疑问句,其中又以正反问和是非问居多。不同的是,小学语文课堂中教师有时会使用反问句进行提问,用以强调课文中所蕴含的道理。但是由于反问句是一种特殊的句式,难度较大,国际中文教师一般不会在课堂上使用。而国际中文教师在课堂上常用的陈述句提问法在小学语文课堂中出现的次数很少,笔者认为这是因为国际中文课堂的人数远小于小学语文课堂,学生回答问题的机会更多,因此在进行词汇和语法操练时,教师可以一个个点名让每位学生都有回答的机会,便直接指定"(姓名)来回答……";而小学语文课堂学生人数众多、课堂时间有限,教师无法做到一一提问,只能选择一部分学生回答问题。

两种课堂都有教师使用留空问句和用动作代替提问的方式进行提问,这是两种较特殊的提问方式,但却几乎在每一堂课中都有出现。留空问句与陈述句相似,教师讲出一半的句子,留下答案让学生回答,通常由学生集体回答,可以看作是教师管理课堂的手段之一。用动作代替提问则可以帮助教师吸引学生的注意力,同时丰富提问的形式,让课堂活动更加丰富。

7.1.4 问句类型比较

在问句类型方面,将提问分为展示性问题、参考性问题和回应性问题三类。小学语文课堂中,参考性问题所占的比例是三种类型问题中最多的,均超过所有课堂提问的 50%,展示性问题次之,回应性问题出现的次数最少。原因可能是小学语文课堂更多关注对课文内容的理解,教师提出参考性问题让学生自由思考并提出自己的观点,培养他们的逻辑思维和语言表达能力。国际中文课堂中,展示性问题的数量最多,参考性问题和回应性问题出现的次数较少,因为国际中文课堂重在关注学生对汉语基础知识的掌握程度,教师更倾向于提出简单的展示性问题供学生操练词汇和语法。此外,国际中文课堂的教学对象是母语非汉语的小学生,他们的汉语水平都较薄弱,用较长的汉语句子回答问题尚有一些难度,因此教师不会在课堂上提出过多难度较大的问题,以免打击学生的信心。

两种课堂上,回应性问题的出现频率都较低,这是由于回应性问题并不算是真正的提问,一般是理解检测、要求说明和确认理解,用来表示强调或确认。如果教师在课堂上使用过多的回应性问题,虽然能够精确把握学生对自己讲解方式的接受程度,但会显得教师对课堂把控的信心不足。

7.1.5　提问分配比较

在提问的分配方面,从教师指定回答和不指定回答两个方面进行考察,教师指定回答在两种课堂上出现的次数都较少,因此不细致研究指定回答中的分类。不指定回答是教师提问分配方式的主体,其又可分为集体回答、点名举手的学生回答、点名未举手的学生回答、点名部分学生回答和教师自答。小学语文和国际中文教师都会在课堂上采用多种提问分配方式,使得课堂活动更丰富、吸引学生的注意力。

指定回答虽然在两种课堂上出现的次数都较少,但是相比小学语文课堂,国际中文教师采用指定回答的方式略高些。这仍然是由于国际中文课堂学生人数较少,教师有充足的时间让每一位学生都回答问题,因此可以就一个语法点指定学生回答不同的问题以检验每个学生的掌握情况。

不指定回答中,小学语文和国际中文教师最常采用的都是让学生集体回答和点名举手的学生回答,而较少采用点名未举手的学生回答、点名部分学生回答和教师自答的方式。一般来说,学生集体回答的都是难度较低的问题;学生愿意主动举手则说明对该问题已经掌握并且愿意积极参与课堂,教师此时点名会让他们保持对课堂的积极性,激发他们下一次继续积极思考问题。教师在点名未举手的学生回答问题时,需要注意学生是由于对该知识点的不熟悉而不举手还是由于本身性格比较内向,不敢在课堂上表现自己,若是前者,则需要提醒学生对课堂所学内容多加练习;若是后者,则需要教师在课堂上给该学生更多的表现机会并积极鼓励学生参与课堂。

7.2　学生回答比较

从学生的回答方式和思考时间两方面对小学语文和国际中文课堂进行比较。

在回答方式方面,小学语文课堂的学生都是"先举手、后回答问题",且课堂纪律较好,只有个别学生会出现抢答等情况。这种模式在全国各地的中小学都适用,因此样本视频中并无其他特殊回答问题的方式。由于这些样本视频均来自网络,且均为示范课和获奖公开课,因此不排除学生在镜头前表现出纪律更好的情况。

国际中文课堂氛围受国别差异影响较大,笔者所选取的视频中,教学对象来自世界各地,既有亚非国家,也有欧美国家。总体来说,亚非国家例如日本、韩国、南非等国家的课堂与国内课堂相似,课堂纪律更严格,教师地位更突出,学生也是举手后经过教师同意才回答问题,菲律宾等国的学生在回答完问题之后还会说"谢谢老师";而欧美国家例如西班牙、美国等国家的课堂氛围更轻松活泼,师生关系更平等,学生时而站着、时而坐着回答问题,且上课听讲方式不限制于坐着听讲。由于缺少后续考察,笔者无法直观判断哪种课堂的教学效率更高,教师只需要选择适用于本国课堂的教学方式即可。

在思考时间方面,笔者考察发现,小学语文课堂中学生思考的时间与问题类型有关,展示性问题和回应性问题的思考时间与参考性问题相比较短,这还是由于参考性问题的难度较大所致。而国际中文课堂中学生回答不同类型问题的思考时间并无显著差异,这是因为国际中文课堂中不同类型问题的难度差异不大,且以词汇和句型操练为主,学生不必对某一类问题进行过多思考。

7.3　教师反馈比较

从反馈的频率和反馈的态度两方面对小学语文和国际中文课堂进行比较。

从统计数据来看,小学语文课堂教师反馈频率为 0.67 次/问题,国际中文课堂教师反馈频率为 0.8 次/问题,国际中文课堂教师对更多的学生回答作出了反馈。这是由于国际中文课堂学生人数更少,教师有充足的时间对学生的回答进行反馈,且国际中文课堂学生处于汉语学习的初级阶段,更多的鼓励会帮助学生树立学习的信心。

国际中文教师的反馈语言大多以"好""对"为主,这种反馈方式很简洁,不会耽误课堂进度,适合学生人数较多或是课程节奏较紧张的课堂使用,但是国际中文课堂学生人数一般不会过多,在所选取的样本视频中,班级学生都在 20 人以内,平均人数为 14 人,教师有足够的时间在课堂上对学生的回答作出个性化的反馈。个性化的反馈即教师针对不同学生回答的不同问题作出不同的反馈,例如表扬学生"后鼻音发得很准""这个字的偏旁写得很好""这个声母的发声音还不够准确"等等,个性化反馈的好处是学生可以更清晰地明确自己哪里回答得好、哪里还有不足可以改进,学生在下一次回答问题和以后的学习过程中可以根据教师的反馈有针对性地进行改进;而"好""对"这类普遍性的反馈只能让学生知道自己回答得是否正确,并不能进一步了解自己答案的优缺点究竟在哪里。

但是研究发现,国际中文教师很少对学生作出个性化的反馈,部分教师会采用点头示意的方式对学生的回答作出非言语反馈,而国内小学语文教师的非言语反馈方式更丰富一些,有经验的教师会在学生回答时走到其面前认真聆听学生的回答,在学生回答后轻拍其肩膀或使用击掌的方式表示对学生回答的肯定。而国际中文教师在课堂上使用的非言语反馈较少,且形式较为单一,通常都是教师点头表示肯定。

在反馈态度方面,小学语文和国际中文教师都更倾向于选择肯定反馈的方式,很少采用否定反馈的方式。小学语文教师在课堂上使用肯定反馈的次数是否定反馈的 5 倍之多,国际中文教师在课堂上使用肯定反馈的次数更是达到了否定反馈次数的 12 倍之多,由此可见,小学语文教师和国际中文教师都更希望通过肯定反馈来激励学生,激发他们进一步思考的兴趣。肯定反馈有利于学龄儿童的学习,学生渴望通过回答问题得到教师的表扬,教师的表扬又可进一步激励学生继续思考、积极举手回答问题。即使学生回答错误,教师也大多采用中性反馈的方式,即让学生再思考或让其他学生帮助他回答,中性反馈是介于批评和表扬中间的一种反馈,学生可以从教师的中性反馈中明白自己的回答并不正确,但是教师又没有直接对学生提出批评,直接否定可能会打击学生的信心,降低学生的学习兴趣。但是,如果学生出现了一些基础知识和原则上的错误,教师则会直接纠正,避免学生加深对错误知识的印象。

第8章 国际中文课堂问答建议

尽管国际中文教学和小学语文教学存在诸多不同,但是二者同为汉语教学,教师在提问时可以借鉴对方课堂的长处,丰富自己课堂的提问形式。本章参考前文分析结果,结合我们所观察到的国际中文课堂实际情况,反思国际中文课堂提问和反馈中存在的一些问题,并且根据这些问题提出一些改进建议。

8.1 教师提问建议

8.1.1 提问频率和数量

国际中文课堂教师提问的平均频率为每分钟 2.6 次,属于较高频率的提问,教师在课堂上可以保持这一提问频率;但是,提问频率需结合课堂实际情况进行适当调整。若学生对于教师讲解的知识点理解程度较差,但教师又不断地进行提问,可能会打击学生的信心,提问环节也不能顺利进行。此时教师可重新讲解语法点,并联系生活实际为学生举例,或使用留空问句的方式引导学生说出正确答案。

部分国际中文教师会忽略课堂总结环节的提问,其实在课堂总结环节提出问题能够检查学生对于这节课所学知识的掌握情况,并且帮助学生复习,减轻学生的课后负担。国际中文教师在课堂总结环节的提问频率和数量不如小学语文教师,可根据不同国别的学生性格特点、课堂所学的语法知识点及上课环境和上课人数等等灵活改变课堂总结环节的提问数量,达到课堂效率最大化。

8.1.2 问句长度

国际中文课堂提问语的平均长度为 5.8 个字,样本中每节课的问句平均字数最多也没有超过 7 个字,所有样本中最长的句子为 17 个字。与小学语文课堂相比,国际中文课堂的问句长度与前者相近,且都符合人们记忆的"7±2"个模块,一般不会出现教师提完问题学生忘记了问题的题干或不理解问题意思的情况。由此可见,国际中文教师使用的问句的长度适中,很少出现过长的句子,适合初级阶段学生学习汉语。因此,国际中文教师可以保留这类中短句子,若个别问题较难,则需要注意对学生做好详细的解释,此时可以使用多个短句进行引导。

8.1.3　提问形式

从国际中文课堂和小学语文课堂的比较来看,笔者认为,国际中文课堂中教师可以更加注重提问的形式。小学语文教师的课堂提问形式比较丰富,每位老师在每节课都会使用 5 种及以上的提问方式,其中不乏反问句、留空问句、用动作代替提问等新颖的方式,更能吸引学生的注意力。

目前国际中文教师提问以一般疑问句为主,其中又以是非问和正反问居多,这两种问题难度较低,学生很快便可以得出答案,适合国际中文教学中零基础和初级阶段的学生。但是,在课堂上过多提出这类问题则会显得课堂提问没有区分度,都是难度一样的题目可能会造成学生的厌倦感。虽然学生的汉语基础有限,教师也可以在课堂上设置几个较难的问题让学生"挑战",并在答对后给予学生一定的奖励。这种做法的好处是可以激发学生学习汉语的兴趣,并鼓励他们积极思考、敢于回答。特指问、留空问句和用动作代替提问都是丰富课堂提问活动、吸引学生注意力的好方法,教师不必拘泥于某几种提问形式,并且在课堂的不同环节提出有区分度的问题,让学生积极思考后得出答案。

8.1.4　提问类型

在提问类型方面,国际中文课堂以展示性问题居多,几乎每节课中,展示性问题的比例都占到所有问题的一半以上。这是因为国际中文课堂重在操练词汇、句型等汉语基础知识,教师通常会就某一个语法点不断对学生进行提问以帮助学生巩固知识。展示性问题一般都有固定的答案,问题难度较低,比较适合汉语基础薄弱的学生回答。

参考性问题和回应性问题并不是国际中文课堂的主体,因为参考性问题的难度一般大于展示性问题,且参考性问题一般没有固定答案,教师较少在课堂上提出这类难度较大的问题;回应性问题并不是真正要求学生回答的问题,而是教师向学生确认答案,用以吸引学生的注意力,或是观察学生是否听懂了所讲的知识点。国际中文教师使用回应性问题的比例大于小学语文教师,但是使用参考性问题的比例却远小于小学语文教师。我们认为,这是由于汉语母语与二语课堂的差异所致,国际中文教师为了确认汉语基础薄弱的学生听得懂问题,往往就需要回应性问题来强调部分知识点。小学语文教学不重在教学生如何"说中文",而是以培养学生的语文思维为主,所以教师通过参考性问题来锻炼学生的思维和表达能力。

因此,根据耶基斯-多德森的"动机强度与解决问题效率的关系"定律,国际中文教师可适时在课堂中加入一些有一定难度的参考性问题,并以联系学生生活实际为主设计相关话题,激发学生的学习动机,让学生真正做到学以致用,能够用汉语进行交流,而不是只会根据词汇和句型造句,却并不能真正将这些汉语知识运用在生活实际当中。

8.1.5　提问分配

在提问分配方面,国际中文教师以不指定回答为主,多让学生集体回答或点名举手的学生回答。未举手的学生也应受到教师的关注,教师需要留意其为何不愿举手,是基础知识薄弱还是性格原因所致,并进行有针对性的训练。若学生是由于性格内向不愿意举手,教师在课堂上多对其进行鼓励即可;若学生是因为对所学知识掌握得不够好而不愿回答问题,则需要教师督促其在课后多加练习。

教师选择让学生集体回答和让部分学生回答都是训练学生注意力的好方式。在教师想强调某个知识点时,可以选择让学生集体回答;在教师引导学生复习所学的知识,或是对词汇进行操练时则可以选择让学生分组回答,增加课堂趣味性。

8.2　教师反馈建议

在教师反馈频率方面,国际中文课堂教师的反馈频率是 0.8 次/问题,高于小学语文课堂的 0.67 次/问题,也就是说,国际中文教师对学生的大部分回答都作出了反馈,反馈的句子都很简短,所选取的样本视频中,教师的反馈句长度平均字数不超过 5 个字,其中出现频率最高的反馈语是"好""好的"和"对"等,这些都属于言语反馈。小学语文课堂中,有经验的中年教师有时会使用非言语反馈代替言语反馈,例如点头示意、轻拍学生的肩膀、将学生的答案写在板书上等等。国际中文教师可借鉴小学语文教师的做法,丰富课堂的反馈形式,对待国际中文课堂的小学生也可采用拍肩、击掌等较为活泼的反馈方式。值得注意的是,国际中文教师可能面临来自不同国家的学生,在上课前教师需要储备一定的跨文化交际方面的知识,以及该班级学生所在国家的文化礼仪与禁忌,切不可因为盲目地追求多样的反馈形式而产生适得其反的教学效果。

在教师反馈态度方面,小学语文教师与国际中文教师都喜欢采用肯定反馈的方式,这符合教育心理学当中的"社会学习理论",即将内在与外在激励因素结合起来,既对学生的回答作出口头上的表扬,又鼓励学生为自己制定学习目标、自主思考课外的相关汉语问题,以此来增加学生对汉语学习的兴趣,该反馈方式值得保留。但是,国际中文课堂以学习汉语基础知识为主,若部分学生频繁出现某一个语音、词汇上的使用错误,教师还应当适时纠错,以免让学生加深对错误答案的印象。

第三编

课堂评价语比较

课堂评价语属于课堂言语行为中教师反馈的部分。本编观察国际中文课堂教学视频和小学语文课堂教学视频各 30 个,记录并比较分析两种教学课堂评价语的使用情况。我们尽量选择不同时间、不同地区、不同年龄、不同性别、不同类型的教师和不同课型、不同等级的国际中文和小学语文课堂,力求具有代表性和普遍性。

　　本编主要参考 COLT 量表,并根据两种课堂的实际情况及所需要观察内容的特殊性,设计可以观察和记录两种课堂评价语的观察量表。该量表涉及评价次数、评价对象、评价内容、评价方式、评价态度、评价等级、评价后纠正以及评价用语等。评价对象分为个体学生、全体学生、部分学生、师生、教师五个方面。评价内容分为知识、能力、情感态度三部分。评价方式下分两个更细致的维度,其一是直接评价和间接评价,其二是言语评价和非言语评价。评价态度分为正面评价和负面评价。评价等级分为高程度评价和低程度评价。评价后纠正指的是教师在指出学生的回答错误或练习失误后,是否让其立即纠正。评价用语是对教师评价语的转录,用于统计两种课堂评价语的高频词汇。

第9章 国际中文课堂评价语考察

9.1 样 本 概 况

本编收集各类国际中文教学视频共 104 个。由于其中一些视频剪辑之后分成几个部分上传,因此我们进行了整理合并,得到 58 个视频素材,按上传时间排列视频后进行随机抽样,抽选出 30 个视频。在这些视频中,有 7 个是零基础汉语教学课堂,18 个初级水平的汉语课堂和 5 个中级水平的汉语课堂。

本编共计观察国际中文课堂时长 1 217 分 35 秒。记录课堂评价活动 6 147 次,其中有评价 5 283 次,无评价 864 次。收录课堂评价用语 4 167 条。由于抽样的教学视频来自不同时期、不同教师、不同课型的课堂,观察的课程包含示范课、公开课和课堂教学实录,范围比较广,具有代表性和广泛性。课堂视频的相关情况如下表所示:

表 9-1　国际中文课堂样本概况

样本序号	课　型	学生水平	教　师	学生人数	类　型
01	综合课	零基础	青年男性	12	课堂实录
02	综合课	零基础	中年女性	12	课堂实录
03	口语课	初中级	青年女性	7	示范课
04	综合课	初级	青年男性	10	课堂实录
05	口语课	初级	中年女性	4	课堂实录
06	口语课	初级	青年男性	8	示范课
07	口语课	初级	青年女性	14	课堂实录
08	口语课	初级	中年女性	12	课堂实录
09	口语课	初级	青年女性	10	公开课
10	口语课	初级	青年女性	12	示范课
11	口语课	零基础	中年女性	6	示范课

样本序号	课　型	学生水平	教　师	学生人数	类　型
12	写字课	初中级	中年男性	18	课堂实录
13	综合课	零基础	中年女性	18	示范课
14	口语课	初级	中年女性	12	示范课
15	阅读课	初级	中年女性	14	课堂实录
16	口语课	初级	中年女性	12	示范课
17	语法课	初级	中年女性	6	示范课
18	阅读课	初中级	中年男性	12	示范课
19	口语课	初级	青年女性	7	课堂实录
20	综合课	零基础	青年女性	3	示范课
21	写作课	中级	中年女性	15	示范课
22	综合课	初级	青年男性	5	课堂实录
23	口语课	初级	青年女性	31	课堂实录
24	口语课	零基础	中年女性	36	课堂实录
25	口语课	初级	青年女性	2	课堂实录
26	口语课	初级	中年女性	24	示范课
27	口语课	初级	青年女性	14	课堂实录
28	口语课	零基础	中年男性	2	课堂实录
29	阅读课	初中级	中年女性	18	课堂实录
30	口语课	初级	青年女性	20	课堂实录

9.2　国际中文课堂评价语使用情况分析

9.2.1　评价语出现的频率

9.2.1.1　评价不同对象的频率

在本次国际中文观察视频中,整体的平均评价频率是 4.34 次/分钟,主要的评价对象是个体学生、部分学生和整体学生,学生评价教师的行为总共出现 6 次,没有出现师生共同评价行为,因此我们在本节中以国际中文课堂中评价个体学生、部分学生和全体学生的频率为主进行研究。

我们首先提出零假设 H0:国际中文教师对三种对象评价频率的平均数之间没有显著差别,再提出研究假设 H1:至少有针对其中一种对象的评价频率显著不同于其他两种。将显著水平设置为 α=0.05,若检测结果显著性 p≤0.05,则接受研究假设。进行单因素组间方差分析后结果如下:

表 9-2 国际中文课堂评价中评价全体、个体和部分学生的频率差异

	全体 (n=30)		个体 (n=30)		部分 (n=30)		F (2,87)	Post Hoc (Tamhane)
	M	SD	M	SD	M	SD		
评价 频率	1.38	1.02	2.66	1.52	0.28	0.35	36.69*	个体>全体 个体>部分 全体>部分

* p<0.05

在国际中文课堂中,教师对个体、部分和全体学生的评价频率具有显著差别(F(2,87)=36.686,p=0.000<0.05):具体来说教师评价个体学生的频率显著最高,其与评价全体和部分学生频率的平均数之差分别为 MD=1.272 63 和 MD=2.379 38,而且评价全体学生的频率也显著高于评价部分学生的频率(MD=1.106 75)。

由上表可知,在国际中文课堂中,教师评价最多的是个体学生的活动情况,其次是全体学生,再次才是部分学生。

在国际中文课堂收集的数据中,学生评价教师总共 6 次,其中有 3 次在同一课堂上,没有出现师生共同评价行为,因此我们推断,学生评价教师的行为和评价师生共同行为属于教师的个人习惯,不常出现。

在课堂观察中,我们发现国际中文教师非常关注个体学生的课堂活动情况,在各个课堂活动环节中基本都会给个体学生回答的机会,即使是同一个问题,教师也经常请不同的学生回答。个体学生回答的频率高,被评价的频率也高。其次是全体学生,国际中文课堂中经常会有一连串的学生齐答练习,其中大部分是词汇练习,主要考查学生的发音情况,由教师带读或指读。然而除非有需要纠正的部分,一般在完成部分练习后教师才会给出一个评价。比如读完一列词语之后,教师会对学生齐读的情况进行评价或小结。三种评价对象中,最少得到评价语的是部分

学生,评价部分学生的情况大多出现在分组练习时。在国际中文课堂中其实并不缺乏分组练习,但是教师注重评价小组活动中个体学生的活动情况,在整个小组活动结束以后才可能对小组学生进行一次整体评价,也有可能不评价。

9.2.1.2　不评价的频率

在真实课堂中,并非所有的课堂行为都能得到教师的反馈,我们认为这种教师不评价的现象也有值得研究之处。不评价的频率是否会比评价的频率更高? 教师在选择不评价哪些学生的时候是否有明确的取向? 我们希望通过数据的收集整理和分析来解答这些疑问。

我们首先比较国际中文课堂中教师整体的评价频率和不评价频率。提出研究假设 H1:在国际中文课堂中,教师评价频率的平均数和不评价频率的平均数间无显著差异,设置显著水平为 $\alpha = 0.05$。进行独立样本 t 检验后,得出如下表格:

表 9‒3　国际中文课堂评价中评价频率和不评价频率的差异

	评价 (n = 30)		无评价 (n = 30)		MD	t(40.94)
	M	SD	M	SD		
频率	4.32	1.76	0.77	0.82	3.55	10.00*

* p<0.05

结果显示,在国际中文教学课堂中,评价的频率和不评价的频率存在显著差异($t = 10.001$, $df = 40.935$,显著性 $p = 0.000 < 0.05$),评价的频率显著高于不评价的频率($MD = 3.548\,31$)。这表明在国际中文课堂中,教师更多地选择评价学生。

我们又用相同的方法比较了国际中文教师对个体学生、全体学生和部分学生评价与不评价的频率,验证是否同样具有显著差异。经过独立样本 t 检验,得出如下表格和结果:

表 9‒4　国际中文课堂评价全体学生时评价频率和不评价频率的差异

	评价 (n = 30)		无评价 (n = 30)		MD	t(58)
	M	SD	M	SD		
频率	1.38	1.02	0.56	0.78	0.83	3.51*

* p<0.05

表 9-5　国际中文课堂评价个体学生时评价频率和不评价频率的差异

	评价 （n = 30）		无评价 （n = 30）		MD	t(32.47)
	M	SD	M	SD		
频率	2.66	1.52	0.26	0.37	2.40	8.37*

* p＜0.05

表 9-6　国际中文课堂评价部分学生时评价频率和不评价频率的差异

	评价 （n = 30）		无评价 （n = 30）		MD	t(33.50)
	M	SD	M	SD		
频率	0.28	0.35	0.04	0.10	0.23	3.52*

* p＜0.05

如上所示,国际中文教师在评价全体学生($p = 0.01$,MD = 0.825 32)、个体学生($p = 0.000$,MD = 2.395 32)和部分学生($p = 0.001$,MD = 0.231 78)时,评价的频率均显著高于不评价的频率。

根据以上数据我们可以发现,在国际中文课堂中,无论教师需要评价的对象是谁,评价的频率都显著高于不评价的频率。尤其在面对个体学生时,评价频率和无评价频率的平均数之差更是达到了 2.395 32,是三者中差距最大的,个体学生无评价频率的平均数甚至低于全体学生,从中可以看出教师很少不评价个体学生。面对全体学生和部分学生时,评价的频率都略高于不评价频率。

综上,国际中文课堂中的反馈具有很高的即时性,教师最常评价个体学生、其次是全体学生、最后才是部分学生。在完成一次课堂活动后,教师不评价的概率很低,尤其是在个体学生完成课堂任务后,教师通常都会给出评价。而在评价对象为全体学生和部分学生的课堂任务中,教师可能不会给出评价,不评价的部分一般是重复性的或比较简单的回答,师生都可以根据前面已有的评价自行判断。

9.2.2　评价语的内容

9.2.2.1　评价语

本编根据观察样本,收集了国际中文课堂评价语 4 167 条。通过词频统计,将出现次数最多的前 30 句评价语列入下表:

表9-7   国际中文评价语高频用语汇总表

序号	用语	出现次数	序号	用语	出现次数
1	嗯。	1164	16	对不对。	27
2	很好。	979	17	对吗？	24
3	好。	826	18	很棒。	18
4	对。	438	19	嗯哼。	16
5	非常好。	360	20	好了。	14
6	诶。	195	21	是……	11
7	对了。	177	22	同意吗？	11
8	哦。	142	23	好不好。	9
9	可以。	67	24	不说……	9
10	啊。	66	25	非常棒。	9
11	不对。	60	26	Better.	9
12	OK.	49	27	No.	9
13	不是（……）。	37	28	没关系。	9
14	不错。	33	29	不知道。	8
15	谢谢。	30	30	说得（＋ad.）＋a.。	8

根据上表，将值得关注的内容归类整理如下：

（1）"嗯、很好、好"，形式上简洁，内容上明确，可以使用在所有表达正面评价的语境中，即使学生汉语水平很低也能理解，因此是教师最常用的评价语。如果教师想要泛泛地鼓励一下学生的课堂行为，这三个评价语与同样简短的直接正面评价"对"和叹词"诶、哦、啊、嗯哼"等评价语都是最常被选择的。如果教师想要深化评价内容，则会在这些评价用语后添加更加详细的内容评价。

（2）"对了、可以、好了"也是比较简洁明了的评价语。"对了"一般表示正确回答问题；"可以"表示学生的回答是可行的，是符合语法语用的；"好了"一般用于一次较大的课堂环节结束后,教师对学生整体表现的泛泛评价。

（3）"对不对、对吗、好不好、同意吗"是以设问或反问形式进行评价的评价语。如果是设问,一般表示肯定评价,并且在这些设问的评价语后会加入直接或间接的肯定评价,比如"对吗？对""同意吗？"教师点头表示同意等言语和非言语行为。如果是反问,则很有可能是否定评价,在反问后会加上追问,让学生思考为什么错了,如"同意吗？为什么不同意？"。

（4）在国际中文课堂上,还有"OK、Better、No"等英语评价语,因为意思简单并且普及,是非常有效的中介语。

（5）"不对、不是（……）、不说（……）、没关系、不知道"是表示负面性质的评价。"不对"和"不是（……）"直接指出错误,有时教师会在"不是……"之后跟上"是……"纠正误答;"不说（……）"也是比较直接的负面评价,一般的表达形式为:"我们不说……,说……",这种评价经常用于纠正学生的语法或语用错误;"没关系"是在学生回答错误后进行鼓励的评价;"不知道"是对学生知识型内容的评价,一般在向学生提出某个语义语法知识的问题后,学生无法回答时使用。后两者是相对间接的负面评价。

（6）"说得（＋ad.）＋a."一般用于正面评价学生朗读和回答问题时的表现,如"你们说得不错"。也可以用于评价学生汉语的水平,如"我们 4 班的同学汉语说得非常好"。国际中文注重"说"的训练,但是教师在负面反馈时不会刻意评价"你说得如何",而是直接指出错误。

综上,国际中文课堂评价用语中最常使用的是直接、简单、正面且泛泛的评价,即使表示负面的评价也常用简单直接的用语。除此之外还有以反问、设问等方式表达的评价用语。除了汉语以外,也使用英语作为评价语。

9.2.2.2　评价语的类型

在这一部分,我们从知识、能力和情感态度三个角度观察国际中文课堂中的评价语使用情况。

在国际中文课堂中,知识型评价多表现为对学生已经学习记忆过的语音、语法、语义、语用知识是否消化并且运用的评价;能力型评价多表现为对学生发音、语句组织、文本理解是否正确以及新课学习能力的评价;情感态度多表现为对学生学习态度的评价。

我们使用单因素组间方差分析法,研究三种评价类型使用频率的平均数是否存在显著差异。设定零假设为 μ 知识 ＝ μ 能力 ＝ 情态,显著水平 $\alpha = 0.05$,如果 $p \leqslant 0.05$,则拒绝零假设,结果如下表所示:

表 9-8   国际中文课堂评价中评价知识、内容、情感态度的差异

	知识 （n＝30）		能力 （n＝30）		情态 （n＝30）		F （2,87）	Post Hoc （Tamhane）
	M	SD	M	SD	M	SD		
评价 频率	0.32	0.29	4.04	1.78	0.06	0.17	136.18*	能力＞知识 能力＞情态 知识＞情态

* $p < 0.05$

分析结果表明,在国际中文课堂中不同评价内容出现的频率有显著差异（$F(2,87) = 136.175$, $p = 0.000 < 0.05$）：评价能力内容的频率显著最高,与评价知识和情感态度的频率平均值差分别为 3.730 45 和 3.983 36,除此之外,评价知识的评频率显著高于评价情感态度的频率（$MD = 0.252\,92$）。

从上表平均数值 M 中可以看出,国际中文课堂中的评价绝大多数都是能力型评价,知识型和情态型出现的频率非常低,相比能力型,教师对后两者的评价较为忽视。

在国际中文教学中,培养学生的交流能力始终是最重要的目标之一,因此对于能力的训练和评价也是最为重要的。国际中文课堂中知识的考察经常集中在上课开始的复习部分,时间不长,在上课期间也会穿插一些旧知识的考察,大多数是词义理解,因此总体出现的频率其实并不高。情感态度型评价是最少出现的,在我们所观察到的国际中文课堂中,此类评价都是对于学生课堂行为和态度的评价,如"同学准备得非常认真""他们已经特别想上来给大家展示了"等,没有教师对学生的情感表态,可能是因为面对成人,教师的情感表态会比较收敛。

9.2.3 评价语的方式

9.2.3.1 直接评价和间接评价

在课堂中,老师有时会明确地用言语或非言语行为告诉学生回答是否正确,课堂活动和练习完成得好或不好,这是直接评价。不直接点出结果的则是间接评价。首先,我们使用独立样本 t 检验对国际中文教师在课堂中的直接评价和间接评价使用情况进行研究。设定零假设 μ 直接 ＝ μ 间接,$\alpha = 0.05$,如果 $p \leqslant 0.05$,则拒绝零假设,即在国际中文课堂中直接评价和间接评价的频率之间存在显著差异。经过分析得到下表：

表 9-9　国际中文课堂中直接评价频率和间接评价频率的差异

频率	直接评价 (n = 30)		间接评价 (n = 30)		MD	t(45.41)
	M	SD	M	SD		
	3.42	1.62	2.02	0.90	1.40	4.13*

* p<0.05

　　结果显示,在国际中文课堂中,直接评价和间接评价的频率有显著差异(t = 4.134,df = 45.407,p = 0.000<0.05),即直接评价的频率显著高于间接评价的频率(MD = 1.396 65)。

　　在国际中文课堂中,教师会同时使用直接评价和间接评价,但是以直接评价为主,间接评价为辅。国际中文教学属于第二语言教学,因此教师要顾及学生的汉语知识水平,直接评价可以让学生直观了解正确与否,如有错误方便及时纠正。

　　我们在设计观察量表的时候,将间接评价的方式分为追加、重复、扩展、分析、板书、学生评价、转折七种。为了了解哪种间接方式的国际中文课堂评价语比较常用,我们将不同水平汉语学习者受到的间接评价记录下来,整理如下:

表 9-10　国际中文各等级间接评价方式使用次数统计表

		间 接 方 式							
		追加	重复	扩展	解释	板书	学生	转折	总计
等级	零基础	43	316	6	54	3	8	1	431
	初级	167	930	33	172	54	35	7	1 398
	初中级-中级	82	275	1	93	82	47	3	583
总　计		292	1521	40	319	139	90	11	2 412

　　数据表明,追加、重复和解释这三种方式是国际中文课堂中最常使用的三种间接评价方式。

　　追加提问是三者中最少出现的,在零基础阶段一般表现为让学生再发音一次,从初级开始到中级,逐渐增加对学习内容更深一步挖掘理解的提问。例如在零基础阶段学习拼音时,教师先以"好、对"等评价语肯定学生的发音是正确的,再指示学生重复一遍刚才的发音。而到了初中级阶段,就不仅限于语音方面了,教师可能会评价学生的音量"大点声",也可能评价学生的文本理解正确与否,让学生进一步理解课文"为什么?""对不对? 哪儿错了?"。

重复的评价方式为教师重复学生的回答,起到强化或纠正的作用,其中最常重复的是语音相关的内容。我们观察到大量语音方面的重复,通常表现为学生在读一个词语或句子时发音有误,教师会使用正确的语音重复学生读错的部分,学生再次跟读,直到发音正确。教师通过重复方式起到负面评价和纠正的作用。

在零基础阶段,解释的方式一般为肢体动作加上简单的"嗯、对、不对"等评价语,有时为了方便学生理解,也会搭配重复方式一起进行。到了初级阶段,教师可以使用简单的语言进行解释,在评价语法相关的回答时,教师会借助 PPT 和板书上的公式解释学生的回答是否符合语法规范。到了初中级阶段,教师会在课文中寻找相同意思的信息进行更加深化的解释。此外在评价学生发音时,各个水平汉语班的教师们都喜欢搭配表示声调的手势动作进行解释。

另外,随着学生汉语水平的上升,使用板书这种方式的间接评价也逐渐上升。板书一般用于正面评价,教师在学生回答后,将学生的回答记录在黑板上,或在 PPT 上展示学生的回答。在零基础至初级阶段,学生对汉语了解太少,比较难答出值得板书记录的回答。因此直到汉语水平等级逐渐提高之后,使用板书评价的次数才开始上升。

9.2.3.2　言语评价和非言语评价

国际中文课堂的视频素材仍以学生为主视角,因此我们记录的依然是镜头可以观察到的非言语评价。

为研究非言语评价与言语评价的差异,我们使用统计软件进行数据分析。先设定研究假设:μ 言语 $\neq \mu$ 非言语,$\alpha = 0.05$,若 $p \leqslant 0.05$,则接受研究假设。经过独立样本 t 检验,得到如下表格:

表 9-11　国际中文课堂中言语评价频率和非言语评价频率的差异

	言语评价 （n = 30）		非言语评价 （n = 30）		MD	t(41.83)
	M	SD	M	SD		
频率	4.18	1.74	1.12	0.84	3.06	8.68*

* p＜0.05

检验结果显示,在国际中文课堂中,教师使用言语评价的频率显著高于非言语评价的频率($t = 8.677, df = 41.832, p = 0.000 < 0.05, MD = 3.055\,49$)。由此可知,在

国际中文课堂中仍是以言语评价为主,非言语评价为辅。

在观察中可以很直观地感受到,在国际中文课堂中非言语评价经常出现。为研究不同水平阶段汉语课堂中非言语评价的使用偏好,我们统计了各水平汉语课堂非言语方式评价的具体使用次数,得到下表:

表 9 – 12　国际中文各等级非言语评价方式使用次数统计表

		非言语方式				
		表情	头部动作	手势动作	身体接触	总计
等级	零基础	169	289	129	0	587
	初级	340	148	158	0	646
	初中级-中级	71	74	6	0	151
总　计		580	511	293	0	1 384

在零基础阶段,点头、摇头等头部动作是最常用的非言语评价方式,学生虽然不懂汉语,但仍可以直观通过教师点头或摇头的动作理解评价。到了初级阶段,教师经常通过展示笑容来肯定学生的回答。但是和观察前预想不同的是,在学生错误回答时,教师不一定会使用皱眉之类表示负面的表情,更多的还是使用笑容。到了中级左右,表情和头部动作都是常用的非言语表达方式。

另外我们发现,在国际中文课堂中,身体接触的非言语评价方式一次都没有出现。身体接触以抚摸学生的脑袋,和学生握手,拍拍学生的肩膀等行为为主,一般是正面评价。在一般国际中文教学中,教学对象都不是小孩了,身体接触反而不妥,因此基本没有身体接触的非言语评价方式。

综上,在国际中文课堂中,以直接评价为主,间接评价为辅,间接评价中最常用重复、解释和追加的方式;以言语评价为主,非言语评价为辅,非言语评价中表情和头部动作出现频率较高,另外没有身体接触型评价。

9.2.4　评价语的态度

评价语的态度可以分为直接肯定、间接肯定、直接否定和间接否定四种,本节分析这四种评价态度的差异。设定研究假设,至少有其中一种评价语的态度显著不同于其他几种,显著水平为 0.05,若 $p \leqslant 0.05$ 则接受研究假设,经过分析汇报下表:

表 9 - 13　国际中文课堂评价中评价语态度频率的差异

	直接肯定 (n = 30)		间接肯定 (n = 30)		直接否定 (n = 30)		间接否定 (n = 30)		F (3,116)	Post Hoc (Tamhane)
	M	SD	M	SD	M	SD	M	SD		
使用频率	3.15	1.57	0.38	0.32	0.27	0.22	0.52	0.42	82.250*	直肯>间肯 直肯>直否 直肯>间否 间否>直否

* $p < 0.05$

结果表明,在国际中文课堂中评价语的态度存在显著差异($F(3,116) = 82.250, p = 0.000 < 0.05$):直接肯定的使用频率显著高于其他三者,对间接肯定、直接否定和间接否定的频率平均数之差分别为 $MD = 2.773\ 11$,$MD = 2.882\ 36$ 和 $MD = 2.627\ 82$;间接否定的出现频率显著高于直接否定($MD = 0.254\ 55$);间接肯定与直接否定或间接否定评价的使用频率之间没有显著差异。

以上说明,直接肯定是最常用的评价态度。在非母语教学中,直接表达肯定不仅可以给学生正面的强化,也能直接鼓励学生。另外三种评价态度主要根据课堂教学情况进行安排,但是从整体上看,对学生进行肯定的评价一定比否定的评价多,而且在必须进行否定评价时,间接否定出现的频率高于直接否定,教师们经常使用各种间接方式,让学生知道错误的地方并进行改正,同时也能照顾到学生的情感。

综上所述,在国际中文课堂中,教师最多使用的表达评价态度的方式是直接肯定,其他表达评价态度的方式作为辅助,具体如何使用与课堂教学情况有关。在表达否定态度时,间接否定比直接否定更为常用。

9.2.5　评价语的有效程度

首先探讨国际中文教师在正面评价学生课堂活动时,会进行何等有效程度的评价。评价语的有效程度可分为有原则的高程度评价、有原则的低程度评价、泛泛的高程度评价、泛泛的低程度评价四种分类,对对汉语课堂中的正面评价有效性作出分析。

设定零假设:μ 原则高 = μ 原则低 = μ 泛泛高 = μ 泛泛低,设定显著性 α = 0.05。在经过单因素组间方差分析后得出如下表格:

表 9 - 14　国际中文课堂评价中正面评价有效程度的差异

	原则高(n = 30)		原则低(n = 30)		泛泛高(n = 30)		泛泛低(n = 30)		F(3,116)	Post Hoc(Tamhane)
	M	SD	M	SD	M	SD	M	SD		
使用频率	0.18	0.14	0.71	0.50	0.85	1.07	1.78	1.07	20.75*	泛泛低>原则高 泛泛低>原则低 泛泛低>泛泛高 原则低>原则高 泛泛高>原则高

* $p < 0.05$

结果表明,在国际中文课堂中评价语的态度存在显著差异($F(3,116) = 20.753, p = 0.000 < 0.05$);泛泛的低程度评价频率显著高于其他三者,与原则高、原则低和泛泛高的平均数之差分别为 $MD = 1.60320, MD = 1.068\,48, MD = 0.934\,29$;有原则的低程度评价频率显著高于有原则的高程度评价($MD = 0.534\,72$);泛泛的高程度评价显著高于有原则的高程度评价($MD = 0.668\,91$);有原则的低程度评价和泛泛的高程度评价之间不存在显著差异。

在国际中文课堂的正面评价中,出现频率最高的是泛泛的低程度评价,即教师不论学生的回答情况或课堂任务完成情况如何,随意地给出"嗯、好、哦"等评价,同理给出"很好、非常好、很棒"等评价的行为属于泛泛的高程度评价。泛泛评价明显多于有原则的评价,这表明在国际中文教学中,教师虽然注重训练,但是对练习的结果比较放松,学生不一定要做到语音语法词汇使用非常标准就能得到正面的评价,但是这种评价以低程度评价为主。国际中文教师也会使用有原则的评价,即评价恰当,有理有据,但是在有原则的评价中,仍然是低程度评价多于高程度评价。因此国际中文课堂的正面评价有效程度不是很高。

在研究负面评价的有效性时,我们通过教师是否纠正学生错误进行分析。将零假设设定为 μ 纠正 $= \mu$ 不纠正,$\alpha = 0.05$,通过独立样本 t 检验得出下表:

表 9 - 15　国际中文课堂评价中有无纠正错误频率的差异

	纠正(n = 30)		无纠正(n = 30)		MD	t(32.64)
	M	SD	M	SD		
频率	0.69	0.56	0.07	0.14	0.62	5.92*

* $p < 0.05$

在国际中文教学课堂中,负面评价后纠正和不纠正的频率存在显著差异(t = 5.920,df = 32.641,显著性 p = 0.000＜0.05),纠正的频率显著高于不纠正的频率 (MD = 0.621 30)。由上表平均值 M 可知,国际中文负面评价后纠正的频率远高于不纠正的频率,即学生在国际中文课堂中的大部分错误都能得到及时纠正,只有少部分会被教师忽略。因此国际中文课堂负面评价的有效性还是比较高的。

9.3   本 章 小 结

国际中文课堂中教师反馈频率非常高,很少出现不评价学生的情况,评价优先级排名为个体学生优先于全体学生,全体学生优先于部分学生。偶尔出现学生评价教师,基本不出现师生共同评价。

在评价的内容方面,评价用语大多简单明了且空泛,有不少表示负面评价的评价语,也有以反问、设问等方式表达的评价用语。除此之外也使用英语作为评价语。在评价内容的类型中,国际中文教师最关注也最常评价的是能力型,其次是知识型,最后是情感态度型,但是相比之下后两者较少。

在评价的方式方面,国际中文课堂以直接评价和言语评价为主,间接评价和非言语评价为辅。

在评价的态度方面,以直接肯定为主,其他表达态度的评价视具体的课堂教学情况而定。表达肯定的态度多于表达否定的态度。在表达否定态度时,更多使用间接否定。

在评价的有效程度方面,国际中文课堂评价语的正面评价有效程度较低,教师更常使用泛泛的评价,其中以泛泛的低程度评价为主。在有原则的评价中,低程度评价也多于高程度评价。但是国际中文课堂负面评价的有效性比较高,学生绝大多数的错误都能在课堂上得到及时纠正。

第 10 章　小学语文课堂评价语考察

10.1　小学语文课堂评价语调查

本编共收集小学语文教学视频 503 个,其中一年级 86 个,二年级 67 个,三年级 87 个,四年级 90 个,五年级 100 个,六年级 71 个,另外还有无明确标注的高年级语文教学视频 2 个。

我们先将所搜集的视频分成低年级、中年级和高年级三个学段[①],再在每个学段内将视频发布的时间升序排列后系统抽样,每个学段抽取 10 个样本,最后得到本次观察的 30 个小学语文教学视频。

本编共计观察小学语文时长 1 226 分 14 秒,记录课堂评价活动 3 287 次[②],收录课堂评价用语 1 636 条。由于抽样的教学视频时长不等,年代不同,教师的年龄、性别、教学水平,学生的年龄、数量等方面也不相同,观察的课程既包含示范课、获奖公开课等优质课,也包含普通的校内课堂实录,具有代表性和广泛性。

表 10-1　小学语文课堂样本概况

样本名	课　型	学生水平	教　师	学生人数	类　型
01	语文课	一年级	中年男性	28	公开课
02	语文课	二年级	青年女性	30	获奖公开课
03	语文课	一年级	青年女性	42	课堂实录
04	语文课	二年级	中年女性	40	课堂实录
05	语文课	一年级	中年女性	30	课堂实录
06	语文课	二年级	中年女性	32	公开课

①　一至二年级为低年级段、三至四年级为中年级段、五至六年级为高年级段。

②　其中有评价 2 270 次,无评价 1 017 次。

样本名	课　型	学生水平	教　师	学生人数	类　型
07	语文课	一年级	青年女性	36	公开课
08	语文课	一年级	中年女性	33	课堂实录
09	语文课	一年级	中年女性	24	公开课
10	语文课	二年级	中年女性	30	示范课
11	语文课	四年级	中年女性	42	公开课
12	语文课	三年级	中年女性	40	公开课
13	语文课	三年级	青年女性	20	示范课
14	语文课	三年级	青年女性	48	课堂实录
15	语文课	三年级	青年女性	46	课堂实录
16	语文课	四年级	中年女性	52	公开课
17	语文课	四年级	中年女性	20	获奖公开课
18	语文课	四年级	中年女性	32	课堂实录
19	语文课	四年级	中年女性	24	课堂实录
20	语文课	三年级	青年女性	56	公开课
21	语文课	五年级	中年男性	40	公开课
22	语文课	五年级	青年女性	56	获奖公开课
23	语文课	六年级	青年女性	24	公开课
24	语文课	五年级	青年男性	48	获奖公开课
25	语文课	五年级	青年男性	24	课堂实录
26	语文课	六年级	中年男性	40	课堂实录
27	语文课	五年级	青年女性	36	公开课
28	语文课	六年级	青年女性	28	课堂实录
29	语文课	六年级	青年女性	70	公开课
30	语文课	五年级	中年女性	31	公开课

10.2　小学语文课堂评价语使用情况分析

10.2.1　评价语出现的频率

10.2.1.1　评价不同对象的频率

在本次小学语文观察视频中,整体平均的评价频率是 1.85 次/分钟,如果拆分成不同的观察角度,评价的频率还会有所不同,从中可以看出教师在课堂中的评价偏好。

在小学语文课堂中,会出现教师评价学生、学生评价学生、学生评价教师这几种评价形式,可以将评价对象分为个体学生、部分学生、全体学生、师生和教师这五种,其中前三种是最常见的评价对象。在本次的视频观察中,评价教师的情况一共出现了 9 次,可供评价的师生共同课堂行为虽然偶有出现,但是全部没有进行评价。因此本节主要研究小学语文课堂中评价个体学生、部分学生和全体学生的频率。

我们在收集了样本中对不同对象的评价次数并转换成频率后,使用 SPSS22.0 软件分析在小学语文课堂中对个体学生、部分学生和全体学生的评价频率。先提出零假设 H0:μ 全体 $=\mu$ 个体 $=\mu$ 部分,即对全体、个体和部分学生评价频率的平均数之间没有显著差别,研究假设 H1:至少有针对其中一种对象的评价频率显著不同于其他两种。再将显著水平设置为 $\alpha = 0.05$,若检测结果显著性 $p \leqslant 0.05$,则接受研究假设。进行单因素组间方差分析后,得出如下结果:

表 10‐2　小学语文课堂评价中评价全体、个体和部分学生频率的差异

	全体 (n=30)		个体 (n=30)		部分 (n=30)		F (2,87)	Post Hoc (Tamhane)
	M	SD	M	SD	M	SD		
评价 频率	0.40	0.34	1.37	0.36	0.09	0.10	157.88*	个体＞全体 个体＞部分 全体＞部分

* $p < 0.05$

分析结果表明在小学语文课堂中,面对不同对象的评价频率有显著差异,($F_{(2,87)} = 157.881$,$p = 0.000 < 0.05$),具体来说评价个体学生的频率显著最高,其

与评价全体学生频率的平均数之差（MD）为 0.979 28，与评价部分学生频率的平均数之差为 1.287 29。另外评价全体学生的频率也显著高于评价部分学生的频率（MD＝0.308 01）。

这表明在小学语文课堂中，课堂评价优先级最高的是个体学生的活动情况，其次评价全体学生，最后评价部分学生。另外根据收集的数据可以看出，评价师生共同行为和学生评价教师的情况不常出现。

小学语文教学作为母语教学，课堂中教师更多地想要了解学生朗读课文或对文本理解的情况，因此学生单独回答的频率最高，教师对个体学生的完成关注度也最高。对全体学生的评价多发生在齐读、全体回答类的课堂活动中，教师对这类活动的关注程度低于个人活动。评价部分学生多发生于分组讨论或"开火车"等活动中，从评价频率来看，小学语文课堂对分组活动的关注度明显最低。

10.2.1.2　不评价的频率

在收集了每堂课的评价次数、无评价次数及是否对全体学生、部分学生、个体学生、师生共同行为、教师言语行为进行评价等数据后，借助统计软件分析小学语文课堂中不评价的特点。

首先进行对评价频率和无评价频率的比较，即在小学语文课堂中，教师对教学活动是否做出评价的频率存不存在显著差异。提出零假设 H0：μ 评价频率＝μ 不评价频率，研究假设 H1：μ 评价频率≠μ 不评价频率，设置显著水平为 $\alpha = 0.05$。若检测结果 $p \leqslant 0.05$，则接受研究假设。进行独立样本 t 检验后，得出如下结果：

表 10-3　小学语文课堂评价中评价频率和不评价频率的差异

	评价（n=30）		无评价（n=30）		MD	t(58)
	M	SD	M	SD		
频率	1.86	0.41	0.83	0.39	1.03	10.05*

* $p < 0.05$

在小学语文课堂中，教师评价的频率和不评价的频率有显著差异，t 值为 10.045，自由度（df）为 58，显著性 $p = 0.000$（< 0.05），即评价的频率显著高于不评价的频率（MD＝1.031 2）。

在表 10-3 中，评价频率的平均数 M＝1.86，而不评价频率的平均数 M 只有 0.83，这表明教师在完成一次课堂活动后，更倾向于评价学生的回答情况。

以上属于整体性比较，由于在小学语文课堂中，教师对评价的对象也有选择倾向。因此我们将进一步研究教师对全体学生、部分学生和个体学生的评价与不评价情况。[①]

先比较教师评价全体学生时评价的频率和无评价的频率。提出研究假设：教师的评价对象为全体学生时，评价的频率和不评价频率有显著差异，如果检验结果中显著水平 $p \leqslant 0.05$，则接受研究假设。经过独立样本 t 检验后得出如下结果：

表 10 - 4　小学语文课堂评价全体学生时评价频率和不评价频率的差异

	评价 （n = 30）		无评价 （n = 30）		MD	t(58)
	M	SD	M	SD		
频率	0.40	0.34	0.62	0.27	− 0.22	− 2.82*

* p＜0.05

当教师的评价目标为全体学生时，教师评价的频率和不评价的频率具有显著差异（$t = -2.822, df = 58, p = 0.007 < 0.05$），即不评价的频率显著高于评价的频率（$MD = -0.223\ 111$）。

再比较评价个体学生时的评价频率和无评价频率。方法同比较全体，经过独立样本 t 检验后得出如下结果：

表 10 - 5　小学语文课堂评价个体学生时评价频率和不评价频率的差异

	评价 （n = 30）		无评价 （n = 30）		MD	t(43.37)
	M	SD	M	SD		
频率	1.37	0.36	0.18	0.19	1.19	16.04*

* p＜0.05

当教师的评价目标为个体学生时，教师评价的频率显著高于不评价的频率（$t = 16.036, df = 43.369, p = 0.000 < 0.05, MD = 1.193\ 54$）。

最后用同样的方法比较教师评价部分学生时评价的频率和无评价的频率，经检验可以得出结果：

---

① 　由于教师评价师生共同活动和师生评价教师课堂活动的次数过少，本节只研究教师评价或不评价全体学生、部分学生和个体学生时的频率。

表 10 - 6　小学语文课堂评价部分学生时评价频率和不评价频率的差异

	评价 （n = 30）		无评价 （n = 30）		MD	t(36.25)
	M	SD	M	SD		
频率	0.09	0.10	0.02	0.04	0.07	3.43*

* p＜0.05

　　当教师的评价目标为部分学生时，教师评价的频率也显著高于不评价的频率。（t = 3.425, df = 36.245, p = 0.002＜0.05, MD = 0.065 76）。

　　综上所述，在一次课堂活动中，比起不评价，小学语文教师更倾向于对学生的课堂表现做出反馈。这一点在教师的评价目标为个体学生和部分学生时也能得到体现。尤其是面对个体学生时，不评价的频率非常低。但是在评价目标为全体学生时，教师不评价学生的频率反而更高。

　　在分析评价频率时，我们发现对全体学生的评价频率虽然低于个体学生，可也高于部分学生，而对全体学生的不评价频率是这三者中最高的，由此可见小学语文课堂中普遍忽视评价全体。

10.2.2　评价语的内容

10.2.2.1　评价语的用语

　　本编根据观察样本，收集了小学语文课堂评价语 1 636 条。通过词频统计，将出现次数最多的前 30 句评价语列入下表：

表 10 - 7　小学语文评价语高频用语汇总表

序号	用　　语	出现次数	序号	用　　语	出现次数
1	嗯。	299	7	很好。	82
2	好。	188	8	对。	78
3	非常好。	108	9	真好。	71
4	诶。	97	10	不错。	62
5	哦。	96	11	说得（＋ad.）＋a.。	41
6	读得（＋ad.）＋a.。	92	12	好的。	35

续　表

序号	用　　语	出现次数	序号	用　　语	出现次数
13	掌声送给＋人称。	34	22	认真。	15
14	真棒。	33	23	表扬（＋人称）。	15
15	是的。	27	24	对了。	15
16	可以。	24	25	真不错。	15
17	是啊。	23	26	不是。	13
18	给＋人称＋掌声。	22	27	啊。	12
19	同意。	22	28	没有＋v.。	11
20	声音（＋ad.）＋a.。	22	29	准确。	10
21	非常棒。	21	30	挺好。	9

根据上表数据,以下几点值得注意:

(1)"嗯、好、诶、哦、对"等单音节词出现的频率都很高,其中"嗯"出现的频率最高。它们用于评价时都是非常泛泛的低程度评价,但是明确包含了肯定的意味,对教师来说是非常经济的评价语,既能明确表态,又节省评价时间。

(2)"好、对、不错"等简单评价加上"真、非常、特别"等副词,组成了评价程度更高的"真好、真棒、真不错、非常好"等评价语。它们的评价程度高于简单评价,但同时也是非常普适的评价词汇。

(3)"读得(＋ad.)＋a."和"说得(＋ad.)＋a."一般为教师评价学生朗读或回答课文问题时的评价语,常见的表达有:"读得非常流畅,有感情""孩子你说得太好了,可以结合我们平时学习的环境联系自己的实际,真好!""大点儿声,说得非常准确就是声音太小了"。另外在评价朗读时,也会出现"声音(＋ad.)＋a."形式的评价语,比如:"字正腔圆,声音洪亮""你的声音特别好听"等,这表明在朗读时教师注重学生的语音语调和情感。从高频出现读得如何、说得如何等评价可以看出,在小学语文课堂中教师很注重对朗读和口头表达能力的培养。

(4)常见的正面评价还有"掌声送给＋人称"和"给＋人称＋掌声",这两种评价语表达的意思是一样的,常用于教师请全班掌声鼓励课堂活动完成度高的学生时,评价语多类似于:"多好呀,给她点掌声好吗?""请把掌声送给刚才发言的小朋友"等等。这样的评价不仅程度高,也能让回答问题的学生充满成就感,鼓励学生发言。

(5)"认真"和"准确"是为数不多的具体评价语,"认真"一般用来评价学生的学习态度,"准确"一般用来评价学生字词发音和阅读理解时回答的准确性。

(6)"不是"和"没有+v."是在前三十句常用评价语中仅有的两个可以表达负面评价的评价语。"不是"表达否定判断,"没有+v."的内容一般为"你没有认真听哦,下次你要认真听""还没有想好是吗?"。在使用最多的评价语中,绝大部分都表示正面评价,只有少数表示负面评价,可以看出正面评价的形式更丰富。

以上为小学语文课堂中高频使用的评价用语,其中具体描述学生哪方面做得好或不好的评价语看起来并不多。但实际上,由于小学语文课堂评价的用语丰富,如"你真是个有礼貌的孩子""太厉害了,会思考,老师喜欢你们!""咱们女孩儿能不能更勇敢一点呢?""老师听明白了,你真会观察"等能生动准确地评价学生各方面表现的评价语层出不穷内容多样。但也正是因为选择面广,这些评价语重复出现的次数反而不多,泛泛评价的"好、真好、非常好"适用于多种情况,出现的频率更高。

综上所述,在小学语文课堂评价用语中,简单表示肯定的评价语是教师最常使用的,但是在需要详细评价的时候,也有形式多样的具体评价。教师注重视对学生朗读和表达能力的培养。

10.2.2.2　评价的类型

课堂评价是教师对学生课堂活动情况的即时反馈,教师针对不同情况会产生不同内容的评价,而这些评价的出发点都是有迹可循的。

经过前期观察,我们在设计观察量表时将课堂评价语的内容归为三个类型,即知识、能力和情感态度。在小学语文课堂中,知识型评价通常表现为对常识或学生已经学习、积累过的课内外知识的评价;能力型评价通常表现为对学生朗读、理解文本和学习新知识的能力的评价;情感态度型评价通常表现为在课堂活动中师生之间的情感表达和教师对学生学习态度的评价。以上三类基本囊括了小学语文课堂评价内容的类型。

为方便量化研究,我们将三方面内容的评价转化为频率,再使用单因素组间方差分析进行研究。研究提出研究假设 H1:至少有一种评价内容频率的平均数显著不同于其他两种。再将显著水平设置为 $\alpha = 0.05$,若检测结果 $p \leqslant 0.05$,则接受研究假设。进行数据分析后,汇报如下表格:

表 10‑8　小学语文课堂评价中评价知识、内容、情感态度的差异

	知识 (n=30)		能力 (n=30)		情态 (n=30)		F (2,87)	Post Hoc (Tamhane)
	M	SD	M	SD	M	SD		
评价频率	0.34	0.29	1.42	0.46	0.10	0.09	147.59*	能力＞知识 能力＞情态 知识＞情态

* $p < 0.05$

分析结果表明,在小学语文课堂中不同评价内容出现的频率有显著差异($F(2,87) = 147.593, p = 0.000 < 0.05$):评价能力的频率显著高于评价知识的频率($MD = 1.082\,72$),也显著高于评价情感态度的频率($MD = 1.323\,39$),评价知识的频率显著高于评价情感态度的频率($MD = 0.240\,67$)。

数据显示,小学语文教师更多评价学生能力方面的内容。教师一般会以"我们能不能……?""谁来读……?""为什么……?"等句子来提问,用来考察学生在课堂中的朗读和阅读理解能力,对此的评价语较多的是简单的表示肯定的字词,或诸如"读得很流畅""你的概括能力真好"等评价。能力型评价的频率高于知识型和情感态度型,表明在小学语文课堂中教师比较注重当下的教学内容有没有被学生及时消化。

其次是评价学生已经掌握的知识情况,教师一般会以"知不知道……?""这个怎么读?"等句子提问,以"好的""你知道的真多""你认识的字真多"等话语来评价。我们在观察中感受到,知识型问答比较多的是考察最近学过的知识或基础型知识,很少出现学生难以回答导致教师难以评价的状况。

在情感态度类的评价中,如"真精神""真是爱科学的孩子"之类的情感表达出现次数较少,教师更多评价学生的课堂秩序和学习态度,如:"老师听出了大家学习这篇课文的热情!""你读得非常认真""一二三(坐端正)"等。

综上所述,教师最常评价学生在当堂课上的学习能力,其次评价其知识储备,最少评价学生的学习态度,以及不常表达对学生的情感。

10.2.3　评价语的方式

10.2.3.1　直接评价和间接评价

在实际课堂中,直接评价和间接评价可能同时出现,即在评价时明确给出结果的情况下,再辅以间接评价强化直接评价的内容。比如教师在对学生进行正面评

价的时候,先用"好的""嗯"等评价语直接肯定了学生的回答,再对该回答作出解释,让学生们知道这个回答好在哪里,我们认为这样的评价会更具有说服力。

为考察教师对直接评价和间接评价是否有所偏好,我们首先考察直接评价与间接评价的频率差异。提出零假设 H0:比较直接评价与间接评价的频率,两组平均数之间没有显著差异,将显著性设为 0.05,如果 p≤0.05 则拒绝零假设,认为直接评价与间接评价的频率有显著差异。通过独立样本 t 检验发现显著性 p = 0.826,大于设定的显著水平 0.05,因此接受零假设,直接评价和间接评价出现的频率不具有显著差异,即如何安排直接评价和间接评价完全出自教师的个人偏好。

我们在设计观察量表的时候,将间接评价的方式分为追加、重复、扩展、分析、板书、学生评价、转折 7 种。记录其使用次数后获得下表:

表 10 - 9　小学语文各年级段间接评价方式使用次数统计表

		间 接 方 式						
		追加	重复	扩展	解释	板书	学生	转折	总计
年级段	低年级	45	222	7	40	55	71	8	448
	中年级	96	177	3	115	72	36	8	507
	高年级	104	198	0	213	51	36	8	610
总　计		245	597	10	368	178	143	24	1 565

从上表可以看出,小学语文课堂中最常使用的间接评价的方式为追加、重复和解释。不同年级段最常使用的方式也有各有差别。

低年级段的教师最常使用的间接评价方式是重复,通过不断重复来引起年纪较小的孩子的注意,并强化他们对正确答案的认识。低年级的小朋友们喜欢表现自己,所以教师也会更多地请学生来进行评价,只是学生的评价一般都比较简单,还可能偏离重点,需要教师自己来总结评价的要点。板书式评价多出现在连一连、填一填等小游戏中,不仅形式有趣,也能更好地让学生记住刚刚所学的知识。另外我们注意到,比起中高年级段,低年级段的教师更多使用扩展这一间接评价的方式,让学生将回答的字词串成一句完整的句子,再完整地说一说,训练低年级孩子的表达能力。

中年级段最常使用的间接评价方式是重复、解释和追加提问。随着年级上升,需要理解的知识点开始渐渐大于单纯记忆的知识点,教师通过解释的方式,不仅指明了学生回答中的亮点,也可以通过这个方式增加新的知识点,贯通其他所学知识,使学生更深刻地理解课文内容。追加是通过教师在学生回答的基础上进一步追问来间接评价学生的方式,追问的增加可以看出学生的学习能力提高了,可以更好地进一步回答问题。此外在这一阶段,教师使用重复评价的方式比起低年级有所降低,开始灵活采用其他方式评价学生。

到了高年级阶段,教师最常使用的间接评价方式同中年级段,也是重复、解释和追加提问,但是使用次数有所增长。这体现了课文难度的增长和对学生能力要求的进一步提高。并且我们注意到,到了高年级段,扩展已经不会出现在教师的评价中了,学生的表达能力大大提高,会自发完整地回答问题。

不论什么年级,教师们最常用的评价方式中都有重复,但是随着年级上升,重复在所有间接方式中的占比在不断降低。结合其他间接评价方式的数据可以说明,随着学生认知和学习能力的提高,教师使用的间接评价方式越来越丰富。从中也可以看出小学语文课堂中的评价形式的确灵活多样。

10.2.3.2　言语评价和非言语评价

由于小学语文课堂的研究视频是以学生为主体进行拍摄的。在学生回答的过程中,镜头有时不会拍到教师的身影,我们也难以一直看到教师的面部表情,因此只能记录我们可以观察到的部分。在观察过程中,我们非常直观地感受到小学语文课堂基本以言语评价为主,很少使用非言语评价方式。

我们使用了独立样本 t 检验来观察言语评价和非言语评价的使用频率。提出研究假设:言语评价与非言语评价的频率平均数具有显著差异,将显著性设为0.05,若 $p \leqslant 0.05$ 则接受研究假设。通过独立样本 t 检验,得出如下表格:

表 10 - 10　小学语文课堂评价中言语评价和非言语评价的差异

	言语评价 （n = 30）		非言语评价 （n = 30）		MD	t(40.05)
	M	SD	M	SD		
频率	1.78	0.42	0.20	0.19	0.07	18.82*

* $p < 0.05$

从结果来看,小学语文课堂中言语评价与非言语评价的频率存在显著差异,$t = 18.816$,$df = 40.052$,$p = 0.000(<0.05)$,言语评价的频率显著高于非言语评价的频率(MD = 1.574 83)。

结合上表平均数可以看出,非言语评价的出现频次(M = 0.204 04)远低于言

语评价(M = 1.778 87)。我们统计了各年级段非言语方式评价的具体使用次数,得到下表:

表 10‐11　小学语文各年级段非言语评价方式使用次数统计表

		非言语方式				
		表　情	头部动作	手势动作	身体接触	总　计
年级段	低年级	11	1	51	14	77
	中年级	27	13	7	14	61
	高年级	16	57	14	26	113
总　计		54	71	72	54	251

以上可见,在整体时长达 1 200 多分钟的小学语文课堂观察视频中,可观察到的非言语方式评价的次数总共为 251 次。有时一堂课只能观察到 1 到 2 次非言语评价。

即使某些非言语评价方式在年级段的整体结算中数量较多,也是因为在某一堂课中的教师比较喜欢使用该非言语评价方式,不具有普遍性。比如高年级段的头部动作类非言语评价一共出现 57 次,其中有一位教师在课堂中使用了 20 次该非言语评价方式,另一位教师使用了 16 次,其余 8 位教师中有 3 位在整堂课中都没有出现该评价方式。因此如何使用非言语评价出自教师们的个人习惯,从中可以体现出,小学语文课堂并不是很重视非言语评价。

综上,在小学语文课堂中,教师的言语评价形式多样,但非言语评价的形式比较缺乏,需要引起注意。

10.2.4　评价语的态度

从前文的研究中可以了解到,在小学语文课堂中,教师的评价形式灵活、用语较为丰富。因此教师在表达评价态度时也会采用多种方式。我们将间接表示肯定或否定的评价归为间接肯定评价和间接否定评价[①],直接指出正确与否的评价归为直接肯定评价和直接否定评价。

在观察过程中,我们感受到直接肯定的态度仍然是小学语文教师最习惯使用

---

① 如果在评价学生的某一段课堂活动时,同时使用了间接和直接的评价方式,在这里归为直接评价。

的评价语态度,间接肯定和间接否定也经常出现在课堂评价中,但教师更倾向于使用哪种态度还是需要通过量化研究来判断。

现在研究不同的评价态度出现的频率是否存在显著差异。[1] 为研究这一问题,提出两种假设,即 H0：μ 直接肯定 $=\mu$ 间接肯定 $=\mu$ 直接否定 $=\mu$ 间接否定,H1：至少有一种评价的态度,其出现的频率显著有异于其他三种。显著水平假设为 $\alpha = 0.05$,如果 $p \leqslant 0.05$,则接受研究假设,认为小学语文教师在进行课堂评价时对不同态度的选择存在显著差别。经过单因素组间方差分析后得到下表：

表 10‐12　小学语文课堂评价中评价态度频率的差异

	直接肯定 (n = 30)		间接肯定 (n = 30)		直接否定 (n = 30)		间接否定 (n = 30)		F (3,116)	Post Hoc (Tamhane)
	M	SD	M	SD	M	SD	M	SD		
使用频率	1.21	0.39	0.43	0.32	0.12	0.09	0.11	0.05	119.85*	直肯>间肯 直肯>直否 直肯>间否 间肯>直否 间肯>间否

* p＜0.05

结果表明,小学语文教师在进行课堂评价时对不同态度的选择存在显著差异,($F(3,116) = 119.849$, $p = 0.000 < 0.05$)。直接肯定的使用频率显著高于其他三者,与间接肯定、直接否定和间接否定的平均数之差分别为 MD = 0.779 42, MD = 1.092 35 和 MD = 1.101 01;间接肯定的使用频率显著低于直接肯定,但高于直接否定和间接否定,平均数之差分别是 MD = 0.312 92 和 MD = 0.321 58;使用直接否定和间接否定的频率无显著差异($p = 0.998 > 0.05$)。

从上表看,在小学语文课堂中,教师对学生的肯定态度大大超过否定态度。在表示肯定的评价中,直接肯定是最常用的评价方法,能让学生最直观地感受到教师的态度,而各种间接方式的肯定起到了调节评价语的作用。比如在某一段课堂活动中,好几位学生回答同一问题都是准确的,教师可能不直接表露出对中间某几位学生的肯定态度,而使用间接肯定的方式,从各方面评价学生的回答。如果在一段时间内大量评价"好、对、嗯"会让评价变得乏味,也会让教师的评价看上去不那么发自本心。

---

[1]　为方便量化研究,将评价态度出现的次数转化为频率。

在表示否定的态度中,选择直接否定还是间接否定不存在某种标准,如何使用出自教师个人的使用偏好。在小学语文备课阶段,多数教师会选择根据学生水平设计提问,尤其是在各种公开课上,教师必须准备充足,因此请到无法回答问题的学生的可能性比较低。即使学生不会回答,教师也会先进行引导。在这种情况下,表达出否定态度的概率不会很高。

综上所述,在小学语文课堂中,教师更多使用肯定的态度,以直接表达肯定为主,间接表达肯定为辅。表达否定态度的方式和教师的个人选择有关。

10.2.5　评价语的有效程度

在进行视频观察时,我们注意到教师有时会对学生使用过高的评价,即学生在朗读课文或回答问题时表现平平,却能得到"非常好","读得真好"此类的高程度评价,而有时学生回答得很好,却只得到了"好的,请坐"此类的评价。因此我们将评价程度区分为高程度评价和低程度评价,并记录了教师在正面评价时是有理有据地评价还是较为随意,含糊,甚至不符合实际情况地进行评价。

根据以上因素,我们将正面评价分为有原则的高程度评价、有原则的低程度评价、泛泛的高程度评价、泛泛的低程度评价。其中有效程度最高的是有原则的高程度评价,即学生优秀的表现得到了有理有据的应得评价;其次是有原则的低程度评价,即学生回答正确,教师的评价有所依据,但由于可能出现优秀的回答只得到了普通肯定的情况,有效性不如前者;再次是泛泛的低程度评价,教师直接用"嗯、好、对"或点头等言语和非言语行为简单评价,有时候学生的训练情况并没有达到正面评价的标准,却仍然得到了简单的正面评价,其有效性不高;最后是泛泛的高程度评价,教师没有给出评价理由且学生得到了不一定符合实际情况的高程度评价,有效程度最低。

这里值得注意的是,有原则的评价往往和间接评价有关,尤其是通过追问、重复、解释、板书、学生评价的方式得到的评价更具有原则性,因为教师阐明了给出评价的理由。经过这些间接方式强化的直接评价一般可以直接认定为有原则的评价。如果只有这些间接方式,不点明正确与否,一般看作低程度的有原则评价。

为比较正面评价的有效程度,我们将四种因素转化为频率,研究教师更多地选择哪种有效程度的评价。设定零假设:μ 原则高 $=\mu$ 原则低 $=\mu$ 泛泛高 $=\mu$ 泛泛低;研究假设:至少有一种有效程度的评价出现频率不同于其他三种,设定显著性 $\alpha = 0.05$。在经过单因素组间方差分析后得出如下表格:

表 10 - 13　小学语文课堂评价中正面评价有效程度的差异

	原则高 (n = 30)		原则低 (n = 30)		泛泛高 (n = 30)		泛泛低 (n = 30)		F (3,116)	Post Hoc (Tukey[①])
	M	SD	M	SD	M	SD	M	SD		
使用频率	0.33	0.19	0.71	0.30	0.19	0.16	0.41	0.21	30.61*	原则低>原则高 原则低>泛泛高 原则低>泛泛低 泛泛低>泛泛高

* $p < 0.05$

结果表明,小学语文教师使用不同有效程度评价的频率存在显著差异($F(3,116) = 30.613, p = 0.000 < 0.05$)。有原则低程度评价的使用频率显著高于有原则的高程度评价、泛泛的高程度评价和泛泛的低程度评价,平均数之差分别为 MD = 0.384 08、MD = 0.524 37 和 MD = 0.306 34;泛泛的低程度评价出现频率显著高于泛泛的高程度评价 MD = 0.218 03;有原则的高程度评价出现频率与泛泛的高低程度评价之间没有显著差别($p = 0.069 > 0.05, p = 0.519 > 0.05$)。

小学语文课堂正面评价中,最常出现的是有原则的低程度评价,从上表的平均数可以看出,泛泛的评价出现概率整体低于有原则的评价。这些都说明小学语文教师们还是更看重评价的原则性,但是在给出高程度评价的时候较为克制。在泛泛的评价中,低程度评价多于高程度评价,表明教师还是愿意选择有效性更高的评价。从整体来看,小学语文正面评价的有效性还是比较高的。

在观察负面评价相关的内容时,我们特意留意了教师对需要纠正的负面评价有没有进行纠正。因此我们设计了相关检测,将纠正与不纠正的次数转化为频率,设定研究假设:对负面评价纠正与不纠正的频率有显著差异,显著性设为 0.05,经过独立样本 t 检验,结果显示对负面评价纠正与不纠正的频率不存在显著差异($p = 0.116 > 0.05$)。

小学语文课堂中非常有可能出现教师不纠正学生错误回答的现象,因为是否当场纠正是教师的个人选择,也受到很多课堂因素的制约,因此在否定评价的有效性方面,小学语文课堂不是非常理想。

① 由于方差齐性检查中的显著性 p = 0.157 > 0.05,方差呈齐性,读取 Tukey HSD 的检验结果。

10.3　本　章　小　结

　　通过研究,我们发现在小学语文课堂中,教师对学生的评价反馈比较及时,不常出现不反馈的现象。最偏爱的评价对象是个体学生、其次是全体学生,最后才是对部分学生的评价,师生互评的概率也很低。全体学生本来可以获得更多被评价的机会,但是教师较为忽视对全体学生的评价。

　　在评价的内容方面,教师习惯使用简洁的评价用语,但也有形式多样的具体评价,重视对朗读和表达能力的培养。评价内容的类型中,小学语文教师评价最多的是在本堂课上学生的学习能力,其次评价学生已有的知识内容,对情感态度类型的评价较为缺乏。

　　在评价的方式方面,小学语文课堂中的言语评价非常丰富,教师善用直接间接相结合的评价方式,但是缺少非言语评价。

　　在评价的态度方面,正面评价多于负面评价,正面评价中,直接肯定的态度是最常见的,教师有时也会使用间接肯定来调节评价语,而如何使用否定评价则取决于教师个人的偏好。

　　在评价的有效程度方面,总体而言小学语文评价的有效性还是比较高的。正面评价以有原则的低程度评价为主,教师更愿意使用有原则的评价,即便使用泛泛的评价,也很少给出有效程度最低的高程度泛泛评价。但是负面评价的有效性有所欠缺,教师很可能在课堂上不对学生的回答情况进行及时纠正。

第 11 章　国际中文和小学语文课堂评价语对比分析

11.1　评价语频率的对比

本编观察国际中文和小学语文课堂教学视频各 30 个,两种课堂总时长分别为 1 226 分钟和 1 217 分钟,时长相近,因此可以进行较为直观地比较。

从前文中我们可以了解到在国际中文和小学语文课堂中,评价的频率总是大于不评价的频率。当评价学生时,教师们偏向于优先评价个体学生、其次是全体学生、最后才是部分学生,评价师生共同行为和学生评价老师很少出现。

从评价和无评价的频率可以推测两种课堂对于反馈的即时性。对于两种课堂评价频率的对比,我们将从评价的频率和不评价的频率两个角度来观察。结合前文两种课堂评价与无评价频率的平均数和标准差可以看出,国际中文课堂中的评价频率远高于小学语文课堂,但是对教师无评价频率的比较还需要进一步验证。因此我们借助统计软件分析两种课堂中不评价的频率是否有所区别。

表 11 - 1　两种课堂不评价的频率比较

频　率	评价 （n＝30）		无评价 （n＝30）	
	M	SD	M	SD
国际中文	4.32	1.76	0.77	0.82
小学语文	1.86	0.41	0.83	0.39

设定零假设 μ 语文 ＝ μ 汉语,α ＝ 0.05,经过独立样本 t 检验得知 p ＝ 0.704（＞0.05）,因此我们接受零假设,国际中文和小学语文课堂中不评价的频率不存在显著差异。

综上,两种课堂的评价频率均高于不评价的频率,而国际中文课堂中评价的频率远高于小学语文课堂中评价的频率,两者不评价的频率都比较低。由此可见,国际中文课堂中的师生互动更为频繁,课堂中教师对学生活动情况的反馈也更多,评价的即时性也更高。

11.2　评价语内容的对比

11.2.1　用语的对比

国际中文和小学语文课堂评价语中最常见的前30句用语如下表所示:

表 11‒2　国际中文和小学语文常见课堂评价语

序号	国际中文	出现次数	小学语文	出现次数
01	嗯。	1164	嗯。	299
02	很好。	979	好。	188
03	好。	826	非常好。	108
04	对。	438	诶。	97
05	非常好。	360	哦。	96
06	诶。	195	读得(+ ad.) + a.。	92
07	对了。	177	很好。	82
08	哦。	142	对。	78
09	可以。	67	真好。	71
10	啊。	66	不错。	62
11	不对。	60	说得(+ ad.) + a.。	41
12	OK。	49	好的。	35
13	不是(……)。	37	掌声送给 + 人称。	34
14	不错。	33	真棒。	33
15	谢谢。	30	是的。	27
16	对不对。	27	可以。	24
17	对吗?	24	是啊。	23

续　表

序号	国际中文	出现次数	小学语文	出现次数
18	很棒。	18	给＋人称＋掌声。	22
19	嗯哼。	16	同意。	22
20	好了。	14	声音（＋ad.）＋a.。	22
21	是……	11	非常棒。	21
22	同意吗?	11	认真。	15
23	好不好。	9	表扬（＋人称）。	15
24	不说……	9	对了。	15
25	非常棒。	9	真不错。	15
26	Better.	9	不是。	13
27	No.	9	啊。	12
28	没关系。	9	没有＋v.。	11
29	不知道。	8	准确。	10
30	说得（＋ad.）＋a.。	8	挺好。	9

比较上表内容,我们得出如下结论:

(1) 从出现次数来看,国际中文常见评价语的重复率远高于小学语文,国际中文评价语中最高频的三句用语都出现了 800 次以上,而小学语文的前三句高频用语出现次数在 100 次以上。这可以看出国际中文课堂评价用语分布非常集中,其他可以使用的评价语过少。而小学语文评价用语丰富,教师不依赖"嗯、好"等最高频使用的评价语,因此拉低了其使用次数。

(2) 在两种课堂中,"嗯"都是出现次数最高的评价语,其他字数在三字以内的评价语也都位居前列,这表明了教师们都喜欢使用简洁明了的评价语,可以直接指明学生的回答是否正确,课堂活动完成得如何。即便如此,小学语文高频评价用语中仍有"读得（＋ad.）＋a.","说得（＋ad.）＋a."等评价,可以看出小学语文课堂不拘泥于学生回答对错或课堂活动成果好不好的简单评价,而是对学生的朗读、阅读理解等各方面能力有进一步的评价。

（3）在小学语文课堂中，经常出现请学生鼓掌与表扬某位学生的评价，而在国际中文课堂中，这种评价并未排进前 30。我们猜测国际中文教师认为这种评价比较幼稚，不适合成熟的学生使用。

（4）在国际中文课堂中，能够表示负面评价的高频用语比小学语文课堂更多。这与两种课堂中负面评价出现的频率有关，国际中文课堂学生是语言学习者，出现错误的概率更大，教师需要表示负面评价的语句点明学生的错误再进行纠正。而在小学语文课堂中，教师选择性地请有把握回答问题的学生，这样学生回答错误的概率会有所降低。

（5）在国际中文课堂中，出现了反问的评价，都是简单的"对不对？对吗？同意吗？"等评价用语。在小学语文课堂评价中，教师如果想要对学生进行反问评价，可以根据不同的情况使用完整的句子进行提问。而国际中文课堂需要照顾学生的汉语水平，想要达到同等效果只能使用简单的反问，因此这些评价进入了国际中文高频评价用语的行列。

（6）国际中文课堂中还多了外语评价，这是国际中文课堂评价语中比较独特的部分，显示了"国际"这一特性。而小学语文教师使用汉语就能清楚准确地表达想要评价的内容，使用其他语言反而画蛇添足。

11.2.2　类型的对比

对比前文中两种课堂评价语内容的类型，我们可以发现最常评价的是能力类的内容，其次是知识，最后是情态。

表 11 - 3　两种课堂评价类型对比

频　率	知识 （n = 30）		能力 （n = 30）		情态 （n = 30）	
	M	SD	M	SD	M	SD
国际中文	0.32	0.29	4.04	1.78	0.06	0.17
小学语文	0.34	0.29	1.42	0.46	0.10	0.09

结合前文两种课堂评价内容类型的平均数和标准差，得到上表，我们可以发现能力型内容方面的评价，国际中文的评价频率远超小学语文；知识型方面，小学语文略微高于国际中文；经过统计软件检验，两者的情态类评价频率无显著差异（$p = 0.328 > 0.05$）。

国际中文课堂中最重视评价学生的能力,多表现于评价读和说的能力,语音是否正确,语法是否有错漏。虽然国际中文也考察文本理解,但是通常是比较浅显的内容,主要考察学生是否理解问题并且能否找到对应信息,因此使用的评价也比较简单。小学语文同样重视学生能力的评价,但是重视评价朗读和阅读理解的能力,教师的评价较为多样。另外我们也发现,在低年级的小学语文课堂中,教师会评价学生的写字姿势,如果姿势错误教师会使用肢体接触的方式帮学生纠正,这也属于能力评价的一种。但是在我们所观察的国际中文课堂中不存在这样的评价,即使学生的书写姿势不对,教师也不会特地去纠正。

关于知识型的评价,小学语文的频率略高于国际中文。在小学语文中,知识型评价可以评价学生对已学知识的记忆,也可以评价学生对常识的积累,但国际中文课堂上少有常识型问答,因此知识型评价一般只评价学生对生词和语法的知识是否掌握。

三种评价类型中,情感态度型不论在哪种课堂的评价语中都是出现频率最低的,小学语文的情感态度型评价也高于国际中文。在小学语文的情感态度类评价中,教师会评价学生的课堂秩序和学习态度,也会表达对学生的喜爱之情。而在国际中文课堂中,教师基本上只评价学生的学习态度。

综上,在两种课堂评价语中,都是能力型评价最多,知识型其次,情感态度型最少。虽然国际中文课堂的整体评价频率更高,但是知识型和情感态度型的评价频率低于小学语文。并且小学语文课堂评价中的形式和用语总是更加丰富。

11.3 评价语方式的对比

11.3.1 直接评价和间接评价

整合两种课堂直接评价和间接评价频率的平均数和标准差得到下表:

表 11 - 4 两种课堂评价方式对比(1)

频 率	直接评价 (n = 30)		间接评价 (n = 30)	
	M	SD	M	SD
国际中文	3.42	1.62	2.02	0.90
小学语文	1.32	0.39	1.29	0.58

　　如表所示,在小学语文课堂中,直接评价和间接评价的频率差异不大,而在国际中文课堂中直接评价的频率高于间接评价。

　　小学语文课堂中,间接评价的形式比较丰富,追加、重复、解释、板书、学生评价都是比较常见的评价形式,并且随着学生认知程度的提升,教师会选用不同的间接评价方式。如在低年级时,小学语文教师最常使用的间接评价方式依次为重复、学生评价和板书,而到了中高年级,最常使用的间接评价方式变为重复、解释和追加提问。国际中文课堂面向成人,无论在哪种水平阶段,其中最常使用的三种间接评价方式都依次为重复、解释和追加提问。从这里可以看出,当学生具有一定的认知能力后,重复、解释和追加提问是两种教师最为常用的间接评价方式,只是侧重点不同。在小学语文中,这几种评价方式多用于阅读理解。教师重复学生的回答,加强学生对正确回答的认识,结合文本对学生回答做出更深入的解释,追加提问让学生对问题有进一步的思考。在国际中文课堂中,教师的重复大多数是为了强化和纠正学生的发音,解释和追加提问可能针对语音语法,也可能涉及浅显的课文理解。

　　除此以外,板书和学生评价也都是比较常见的间接评价方式。板书将学生正确的或有意义的回答记录在黑板上或用PPT展示出来,国际中文课堂中的板书出现次数随着学生汉语水平的上升也有所上升。学生评价出现的次数在小学语文课堂中随着学生学习阶段的上升有所下降,而在国际中文课堂中随着学生水平的上升而上升。扩展和转折在两种评价语中都属于不常用的间接评价方式。

11.3.2　言语评价和非言语评价

　　在国际中文和小学语文课堂上,言语评价都是主要的评价方式,在非言语评价方面,国际中文非言语评价的频率高于小学语文。

表 11 - 5　两种课堂评价方式对比(2)

频　率	言语评价 (n = 30)		非言语评价 (n = 30)	
	M	SD	M	SD
国际中文	4.18	1.74	1.12	0.84
小学语文	1.78	0.42	0.20	0.19

　　小学语文课堂中的非言语评价比较缺乏,教师可以使用言语方式进行清晰明了的评价,因此不太依赖非言语的辅助方式。其实非言语评价作为辅助的评价方

式,不仅能够直观评价,也可以增加课堂的趣味性和互动性。而在国际中文教学中,尤其是学生在汉语低水平阶段时,需要通过多种手段直观表达评价的态度,也需要通过各种方式来吸引学生的注意力,因此非言语评价方式较多。

小学语文课堂上的非言语评价次数比较少,且不构成普遍性。在国际中文课堂中,教师比较擅长使用非言语评价,最常使用的是以微笑、皱眉、抿嘴等面部动作为主的表情评价和点头、摇头等头部动作评价,手势动作评价较少。我们认为,面部表情和头部动作简单迅速,也可以表达出泛泛且低程度的正面或负面评价,因此适用范围较广,使用的次数也比较多,但是手势动作中竖大拇指等非言语行为一般需要搭配较高程度的言语评价,不会频繁使用。

此外,在我们所观察的国际中文课堂中没有出现教师对学生使用肢体接触作为评价的方式,而在小学语文课堂中,教师会使用摸头、拍肩、纠正学生坐姿等肢体接触动作进行评价。

综上,两种课堂相比较,在国际中文课堂中,教师更擅长使用非言语评价的方式,在小学语文课堂中,教师更擅长间接评价的方式。

11.4　评价语态度的对比

整合前两章有关数据,两种课堂评价语态度的比较如下表所示:

表 11 - 6　两种课堂评价语态度对比

频　率	直接肯定 (n = 30)		间接肯定 (n = 30)		直接否定 (n = 30)		间接否定 (n = 30)	
	M	SD	M	SD	M	SD	M	SD
国际中文	3.15	1.57	0.38	0.32	0.27	0.22	0.52	0.42
小学语文	1.21	0.39	0.43	0.32	0.12	0.09	0.11	0.05

在两种课堂的评价态度中,肯定评价都多于否定评价。在小学语文教学中,最常用的评价态度是直接肯定,其次是间接肯定,最后是直接否定和间接否定,两者差别不大。在国际中文教学中,使用频率最高的仍然是直接否定,间接否定的使用频率大于直接否定,而间接肯定和两种否定态度分别的差距都不大。

直接肯定在两种课堂中都是最常用的,直接的肯定态度会让学生得到正面的强化,知道什么样的回答是正确的,也能增强学生的自信心。间接肯定也能起到正面强化的作用,但需要学生通过教师的语境去了解自己的回答或活动情况是不是好的,好在哪里。

国际中文课堂中评价的频率更高,因此直接肯定态度出现的频率也高于小学语文,但是小学语文的间接肯定频率高于国际中文。在国际中文课堂中,尤其是在零基础和初级阶段的课堂中,教师可以使用的且学生能够理解的间接评价方式比较少,因此教师很少使用间接肯定评价,以便学生直观了解是否回答正确。而小学语文没有这样的困扰,因此教师的间接评价方式多且灵活,教师在表达直接肯定的时候也经常辅以间接方式的评价。

否定评价方面,小学语文课堂中的否定评价频率低于国际中文课堂。在小学语文课堂中,教师经常会有选择地挑选自觉举手回答的学生进行课堂问答和活动,因此回答的正确率较高。而在国际中文课堂中,教师需要最大化地照顾所有学生的训练量,经常请大部分学生一个一个回答,目的就是尽早发现问题及时纠错,这样否定评价的频率就会上升。小学语文课中直接否定和间接否定出现的概率比较均衡,但在国际中文课堂中间接否定出现的频率高于直接否定。

综上,在两种课堂评价语中,肯定评价都多于否定评价,直接肯定出现的频率都是最高的。小学语文间接肯定评价的频率高于国际中文,国际中文的否定评价频率高于小学语文。

11.5　评价语有效程度的对比

在进行正面评价时,小学语文以有原则的低程度评价为主,国际中文以泛泛的低程度评价为主。

表 11 - 7　两种课堂评价语有效程度对比

频　率	原则高 (n = 30)		原则低 (n = 30)		泛泛高 (n = 30)		泛泛低 (n = 30)	
	M	SD	M	SD	M	SD	M	SD
国际中文	0.18	0.14	0.71	0.50	0.85	1.07	1.78	1.07
小学语文	0.33	0.19	0.71	0.30	0.19	0.16	0.41	0.21

从中可以看出,两者的低程度评价频率均高于高程度评价,小学语文更偏向使用有原则的评价,而国际中文更偏向于泛泛的评价。小学语文教师在进行评价时,

会比较注重评价是否合理,并且为强化评价做出一些补充举动,比如在评价学生"说得好"后,再让全体学生"让我们跟着一起说一说",或在评价学生之后对学生的回答进行深化解析,这样的评价是有原则的。在观察的国际中文课堂中,学生的语言水平有限,尤其是在零基础到初级阶段,教师可以选择的评价语也比较有限,因此经常使用"好、对、很好"等泛泛的评价语做点评,而且由于需要反馈的次数多,教师在一段时间内反复使用简单的直接评价,且对回答准确和回答模糊的学生使用同样程度的评价,这会让评价语看上去更加没有原则性和针对性,学生无法知道怎样的回答才是正确的。从这方面来看,小学语文正面评价的有效程度高于国际中文。

再看两种课堂负面评价的有效性,教师们在评价之后有没有及时纠正评价中所指出的错误。小学语文课堂中负面评价后纠正与不纠正的概率相差不大,学生在没有及时纠错的情况下,对正确的回答认识不深,在下一次回答问题或其他学生回答同一问题时,就可能再犯一样的错误。而国际中文课堂进行负面评价后,绝大多数的错误都会得到及时纠正,尤其是语音方面的错误,及时发现、及时纠正,针对性非常强。因此,国际中文负面评价的有效性高于小学语文。

综上,在正面评价的有效性方面小学语文课堂评价语的有效性更高,在负面评价的有效性方面国际中文课堂评价语的有效性更高。

11.6　本　章　小　结

两种课堂的评价语各具特色。总的来说,两种课堂的评价频率均高于不评价的频率,其中国际中文课堂的评价更为频繁。两种课堂评价语内容的类型分布都是能力型评价多于知识型评价,知识型评价多于情感态度型评价,并且小学语文课堂评价的形式和用语更加丰富。在评价方式方面,直接评价和言语评价都是主要的评价方式。而在其他评价方式的使用上,国际中文课堂更擅长使用非言语评价,小学语文课堂更擅长使用间接评价。在评价态度方面,两种课堂的肯定评价皆高于否定评价,其中直接肯定的态度最为常用,而区别在于小学语文间接肯定的频率略高,国际中文直接或间接否定的频率略高。在评价的有效性方面,小学语文课堂正面评价的有效性更高,而国际中文课堂负面评价的有效性更高。

第12章 国际中文课堂评价语的不足与改进策略

尽管国际中文和小学语文在教学方法、对象等方面不尽相同,但是同为汉语教学,两者在评价语方面有值得互相借鉴的部分。在前三章的研究中,我们分别对两种课堂评价语及其比较进行了研究和总结。在分析数据的过程中,我们发现国际中文课堂评价语在使用中存在着一些问题。而且在某些时候,小学语文课堂评价语的处理方式更为合理。他山之石可以攻玉,希望小学语文课堂中的某些评价语使用方法可以对国际中文课堂评价语起到启示的作用。

本章参考前文的分析结果,结合我们所观察到的国际中文课堂实际情况,反思国际中文课堂评价中存在的一些问题,并且根据这些问题提出一些具有科学性和可操作性的改进策略,提高国际中文课堂评价语的使用效果。

12.1 存 在 的 问 题

首先,国际中文课堂中的评价主体单一,以教师评价学生为主,偶尔出现学生评价学生的情况。学生评价教师和共同评价的次数太少,在30节观察课堂中,学生评价教师一共出现6次,而师生共同评价一次都没有出现过。在学生评价学生的间接评价方式中,国际中文课堂一共出现90次,占整体评价次数的1.70%,小学语文课堂一共出现143次,占整体评价次数的6.30%,从中可以看出国际中文课堂也很少使用学生评价学生的方式。结合国际中文课堂的高评价频率,我们可以发现学生作为主体的评价在所有评价中的占比其实很低。学生是课堂中的主体,教师应该充分引导和发挥其主观能动性,让学生也更多地参与进课堂评价中。在国际中文课堂中,教师可能认为学生的语言水平不足以评价他人,很少安排学生评价的环节,但是学生评价也可以收拢学生的课堂注意力并增加课堂的互动性,就这个角度而言,教师可以适量增加学生评价的次数。而师生共同评价的缺失则使课堂评价出现了割裂感。教师发布课堂活动,学生完成,教师或学生对该次活动评价,这三步成为一个闭环,如果其中没有师生合作的部分,整个环节都会显得比较刻板。

其次,小组活动的评价非常少。在国际中文课堂中,教师偏重对个体学生的评价,即使在小组活动中,教师也更愿意详细点评每个学生单独的活动情况,而对小组整体的点评偏向于泛泛的评价,甚至不对整组进行评价,直接进入下一环节。但是在小组活动中,学生对话的分配是否合理,整体的用语和语音是否准确,讨论的内容是不是照本宣科,有没有加入自己的思考,这些都是可以评价的,只是在观察中,很少有教师对这些内容进行评价。

再次,在对比小学语文之后,我们发现国际中文课堂评价语的形式单调。国际中文的评价语大多都是比较简短且空泛,这一点从高频用语中就可以看出。无论是评价学生的生词发音,课文朗读抑或是语法练习等其他内容,教师们使用的似乎都是同一套评价语,即只评价答案本身正确与否,比如直接评价“好、对”,或两个高频用语组合评价“嗯,很好”。小学语文则在评价语的形式上表现得很丰富,评价朗读可以从声音的角度评价,评价知识积累的内容可以从学生的学习态度进行评价,评价阅读理解可以结合本编内容进行评价。在这方面,国际中文课堂评价语可以从小学语文课堂评价语中获得启示。

另外,经过对比,在国际中文课堂的正面评价中泛泛的评价太多,导致评价的有效性降低。前文中提到,如果在一段时间内大量使用泛泛的直接评价,会让评价变得乏味且敷衍。国际中文课堂评价语在这方面处理得不如小学语文,尤其在学习生词发音等需要短时间内评价大量学生的情况下,国际中文课堂评价语不仅会出现一连串泛泛的评价,评价标准也会显得有些混乱,比如教师对发音清晰准确和发音有所欠缺的学生都使用“好、很好”的评价,这可能会误导学生对正确发音的认识。

最后,国际中文课堂评价语存在评价取向不统一的缺点。参考上一章各对比表格的数据,我们可以发现国际中文课堂评价语各个维度数据的标准差基本上都大于小学语文。具体表现在,国际中文教师们在使用评价语时的风格和偏好缺少统一的原则取向。而小学语文有统一的课程标准要求作为参考,对课堂评价语的研究也较为深入,因此即使是不同课堂的评价语,在发挥多重功能、运用多种方式、多元互动等方面也具有趋同性。这是值得国际中文课堂评价语参考的方向。

12.2　改　进　的　策　略

12.2.1　评价的基本原则

由于目前国际中文课堂评价语缺少统一的原则取向,因此我们提出一些课堂评价语使用的基本原则,希望可以为国际中文课堂评价语的发展方向提供参考。

12.2.1.1 丰富评价方式

虽然国际中文课堂评价方式以直接评价和言语评价为主,但也有多样的间接评价方式和非言语评价方式值得使用。

间接评价中最常用的方式是重复、解释和追加提问,而除了这些方式以外,板书、学生评价、扩展和转折也可以运用在课堂评价中,前文中已经提到过这些间接评价方式在教学中如何实践,这里不再赘述。虽然使用直接评价或间接评价无高下之分,但是大量同种方式的评价连续使用也会使评价语显得单调。

这一点我们从小学语文教学中可以得到启发,教师在评价学生时可以将直接评价与间接评价组合使用,比如在简单地直接评价学生的回答后重复要点,请全体学生再一起回答。如果在朗读生词时涉及词语声调,教师也可以配合手部动作提示发音,加强学生的理解和记忆。

在非言语评价方式的运用上,国际中文课堂中常用表情和头部动作表示评价,少量使用手势动作,但是不使用肢体接触进行评价。在课堂中对待成人学生,摸头和拍肩会显得比较幼稚,学生不喜欢肢体接触还可能引发反感,但是教师也可以使用握手、击掌等方式,在一定情境下表示程度较高的肯定。

在运用多种方式评价的时候,教师可以跨界组合,将各种评价方式融会贯通,提高使用效果。

12.2.1.2 丰富评价角度

目前国际中文课堂评价语还是以评价学生的语言能力为主,并且从评价用语来看,判断性评价占大多数。在表示否定的判断评价时,教师的确需要明确指出学生错误的地方并进行纠正,但是在正面评价时仍不断重复判断性评价会让课堂变得枯燥,因此教师正面评价学生时可以试着从其他方面进行评价。

比如在学生朗读课文时,教师可以评价学生朗读得是否响亮,语气是否正确,甚至在前两项完成得很好的基础上,教师可以评价学生"读得好听",以此来鼓励学生注意发音和语气语调。在学生回答或提出超出其汉语水平的问题时,教师可以评价学生学习汉语的态度很积极,请其他同学向他学习。在学生进行小组对话练习时,如果加入了课本以外且贴近生活实际的对话内容,教师可以就学生积极思考的态度和灵活使用的能力进行肯定评价。在学生取得进步的时候,教师也能就进步本身进行正面的评价。教师在全体学生一起完成一次质量较高且有一定难度的课堂活动后,可以适当地表达对全体学生的肯定甚至赞赏。

这样不同方面的评价不仅可以更好地鼓励学生,还有助于调动课堂气氛,吸引学生的注意力。

12.2.1.3 丰富评价主体

国际中文课堂中的评价以教师评价学生为主,评价主体较为单一,因此教师可以适当安排学生评价学生、学生评价教师、师生共同评价的环节。

教师可以在回答问题、小组对话等课堂活动中请学生评价学生,如评价回答是否正确,小组对话好在哪里,在学生评价后教师再进行总结评价。在小组对话练习时,教师也可以给不同的小组下发打分表格,请小组之间互评。这样不仅可以评价参与活动的学生,也可以考察评价的学生的汉语知识和能力。教师在学生的汉语水平达到初中级之后,可以设置一些陷阱提问,再请学生评价这样是不是对的。教师也可以在课堂活动时进行一些有趣的能力展示,学生会自然地进行评价。在朗读课文对话、分组对话练习中,教师可以和学生合作进行,再对师生合作的整体情况进行反馈。

评价主体多元化可以更好调动学生的主观能动性,让学生更进一步参与到课堂中。但是在国际中文教学中教师要考虑学生的汉语水平,评价的情境要在学生的能力范围之内,或稍高于学生的能力,教师进行引导评价。

12.2.2 使用策略

在把握评价原则的基础上,我们提出几项使用的策略,一方面希望可以应对目前存在的一些问题,另一方面也希望可以提高国际中文课堂评价语的使用效果。

12.2.2.1 减少泛泛评价的使用率

在国际中文课堂中,正面评价存在泛泛评价过多的问题。虽然泛泛的正面评价是最常见且最有效率的评价语,但是有的时候,这样的评价语作用不大。它就像是在可以接受的回答范围里不停地让学生走过场,不利于教师在练习中对学生细微错误的诊断及学生对自身偏差的认识和改正。

教师可以在针对不同侧重点的训练中,适当减少泛泛评价的使用频率,再结合多种方式的评价,使泛泛的评价变为有原则的评价。在教学实践中,大量的泛泛评价以判断性评价为主,但是判断的标准没有说明就会显得评价空泛,因此减少泛泛评价可以从减少简单的正误判断入手。比如在侧重语音的练习中,教师在发现学生出现代表性的偏误时可以把这个问题单独挑出来,向全体学生解释并让学生重复正确发音,目的是设立可以让学生作为参照的重点。在之后其他学生进行相同的发音训练时就可以围绕这个重点进行评价,有没有犯相同的错误,有没有比上一次发音更好。这样的评价语就不会流于表面,更加言之有物,也能强化学生的正面印象。

12.2.2.2 慎用高程度评价语

在我们所观察的国际中文课堂中,高程度正面评价出现的次数占正面评价整体的 29.4%,其中大多数都是泛泛的高程度评价。我们认为教师在评价时要慎重使用高程度评价语,尤其在基础评价和连续评价时,教师给出的评价等级要贴合学生的实际情况,不能以笼统的评价标准对待学生。

在评价时,对简单问题回答准确的学生可以进行低程度的正面评价,其作用是让学生得到正面反馈,但又不超出应当受到的评价程度。如果遇到连续性评价,教师也可以穿插少量的高程度评价作为调节。

但是慎用高程度评价语并不意味着教师要惜用高程度评价。当学生回答问题的难度提升或学生的答案比较有价值时,教师要不吝于给出高程度的评价,并使用间接方式对全体学生强化正确答案的认识。当学生表现出进步时,教师也可以视情况给出高程度的评价,并从态度方面评价学生以示鼓励。

12.2.2.3　有意回避连续评价

不可否认,简单评价在实际课堂上的作用很大,表意简洁明了,还可以节省评价时间,但是连续性的"嗯、好、对"的使用会让课堂评价变得乏味。面对不可避免的多人依次评价时,我们认为可以通过刻意回避、打乱节奏等方式进行中和。

比如当教师需要学生依次读生词或句子时,评价前三位学生可以使用简单的直接评价,当评价到第四或者第五位学生时,转化成非言语评价方式,又经过了两到三位学生之后,再使用言语和非言语相结合的评价方式。如果遇到发音清晰准确的学生,可以使用高程度的评价。在个别学生发生错误或偏误时,教师可以穿插间接评价的方式再请学生齐读。以这种有意回避长串连续的方式,调和连续评价带来的沉闷氛围。

12.2.2.4　幽默评价

幽默的评价可以创造出愉快的课堂氛围,并且让学生更好地接受评价。

在观察视频课时,我们对其中一位教师的课堂印象非常深刻。这位教师经常联系课文和学生的实际生活,并以此举例。比如在讲解中国式家庭的时候,该教师用班级里学生的实际情况进行对比,结果发现有些学生的家庭情况和中国式家庭非常接近,她就会用幽默的语言评价打趣学生,全班一阵大笑。这位教师展现在评价语中的幽默感值得学习。

在国际中文课堂中,教师可以在恰当的时机结合学生的实际情况,或一些课堂活动中发生过的有意思的事情,或一些简单易懂的中文笑话,幽默地进行评价。幽默的评价不仅可以创造出欢乐的学习气氛,也可以让学生对评价的印象更加深刻。

第四编

词汇运用比较

在作文词汇的使用中，汉语二语和汉语母语学习者存在着共性和差异。本编立足于语言三要素之一的词汇，以学习者的书面语为语料，分析国际中文和小学语文作文中词汇等方面的异同和特点，探讨写作中词汇使用普遍存在的问题。首先从词量、词长和词类三个方面对国际中文和小学语文的词汇构成情况进行考察，分别统计分析各自的规律特点和两者的异同。其次分别统计国际中文和小学语文作文中的高频词，并与现代汉语语料库词语频率表进行比较。对两类作文中的高频词"的"、高频名词和高频双音节词进行比较，同时也以个别词汇为例比较两类作文中的高频词义项。最后比较两类作文的词汇多样性，并分别对词汇多样性小于20"（U值）"的国际中文和小学语文作文中各频次的词汇进行比较。希望通过研究，学习者可以获得在写作中运用词汇的启示，以提高作文尤其是词汇运用的效果，国际中文教师可以掌握相应的教学技巧。

第 13 章　作文词汇构成

13.1　作文词量比较

本章的词量即词次。词次即词的频次,是指在研究的语料中,某种词汇所有重复出现的次数。词种数指在语料中某种词汇去掉重复出现的次数得到的数据。

13.1.1　国际中文作文词量统计分析

HSK 动态作文语料库是母语非汉语的外国人参加高等汉语水平考试(HSK 高等)的作文考试语料库,旧《汉语水平考试(HSK)大纲》对 HSK 高等指定的词汇范围是甲乙丙丁级共 8 822 个,汉字范围是甲乙丙丁级共 2 905 个。旧 HSK 等级标准没有明确具体的词汇量考察目标,且词汇范围极大,学习者对于词汇的掌握有一定的难度。我们对抽取的 50 篇国际中文作文进行单篇的分词统计,各文本的词种数以及词汇量①如下表所示。

表 13-1　国际中文作文词量统计

编号	词种数	词量	编号	词种数	词量	编号	词种数	词量
01	139	232	08	129	237	15	127	258
02	110	227	09	121	239	16	144	247
03	133	249	10	143	227	17	114	219
04	126	233	11	132	244	18	128	228
05	133	237	12	131	210	19	132	243
06	147	231	13	122	236	20	135	230
07	147	218	14	164	256	21	144	240

---

①　本书中"词汇量"即"词量",后者更多用于标题。

续　表

编号	词种数	词量	编号	词种数	词量	编号	词种数	词量
22	146	244	32	168	254	42	143	245
23	113	239	33	140	235	43	108	219
24	122	216	34	121	216	44	139	262
25	110	236	35	141	246	45	133	221
26	155	252	36	163	245	46	236	218
27	127	227	37	134	208	47	135	231
28	186	264	38	124	239	48	129	263
29	135	242	39	130	210	49	139	219
30	162	262	40	133	232	50	118	253
31	145	244	41	109	220	总词量：11 803		
						总词种数：6 845		

由上表可知,50 篇国际中文作文的总词汇量为 11 803 个,平均每篇作文的词汇量约为 236 个。总词种数为 6 845,平均每篇作文的词种数约为 137 个。从总体上看,由于我们抽取的作文均为 300 字左右,分词后的作文词汇量最少为 208 个,最多为 264 个。词汇量处于 200—220 之间的有 11 篇,处于 220—240 之间的有 20 篇,处于 240—260 之间的有 19 篇。各篇的词汇量总体差异不大,与二语学习者个人的词汇量积累有关,同样也与学习者所使用的词种有关,我们将在之后对词种进行详细的分析。

13.1.2　小学语文作文词量统计分析

《义务教育语文课程标准》(2022 版)指出小学第三学段(5—6 年级)累计要求认识常用汉字 3 000 个左右,其中会写汉字 2 500 个左右。标准中并未明确小学第三学段的词汇要求,因此我们以相近的汉字范围作为比较的标准。HSK 高等要求的汉字范围为 2 905 个,即要求掌握 3 000 字左右,这与小学 5—6 年级要求掌握的汉字范围接近。同样对随机抽取的 50 篇小学语文作文以篇为单位进行统计,结果如下表所示。

表 13－2　小学语文作文词量统计

编号	词种数	词量	编号	词种数	词量	编号	词种数	词量
1	125	198	18	156	261	35	156	261
2	144	223	19	122	255	36	122	255
3	141	224	20	121	242	37	121	242
4	144	267	21	127	235	38	127	235
5	122	233	22	145	255	39	145	255
6	147	244	23	152	286	40	152	286
7	130	237	24	170	278	41	170	278
8	138	252	25	160	254	42	160	254
9	155	271	26	138	227	43	138	227
10	146	278	27	135	244	44	135	244
11	127	227	28	160	246	45	160	246
12	156	257	29	146	230	46	146	230
13	148	269	30	144	253	47	144	253
14	137	264	31	124	250	48	124	250
15	144	257	32	129	211	49	129	211
16	161	263	33	111	212	50	111	212
17	152	277	34	148	288	总词量：12 407		
						总词种数：7 045		

　　由上表数据我们可以发现，50 篇小学语文作文的总词汇量为 12 407 个，平均每篇作文的词汇量约为 248 个。总词种数为 7 045，平均每篇作文的词种数为 141。小学语文作文的词汇量最少为 198 个，最多为 294 个，词汇量处于 200—240 之间的有 15 篇，处于 240—260 之间的有 19 篇，处于 260—300 的有 15 篇。总体上差异较大，可能与小学生个人的写作水平有关。

13.1.3　词量比较分析

　　为探究国际中文和小学语文作文的词汇量是否存在显著差异，我们通过独立样本 T 检验对频率进行数据分析[①]。

　　首先提出零假设 H0：国际中文和小学语文作文的词汇量没有显著差异，再提出研究假设 H1：国际中文和小学语文作文的词汇量具有显著差异。设置显著水平为 α＝0.05，若结果显示 p≤0.05，则接受研究假设。进行独立样本 t 检验后，结果如下：

表 13－3　　国际中文和小学语文词汇量差异

	国际中文	小学语文	t	p
	（n＝50）	（n＝50）		
词汇量	68.60±2.32	70.72±3.2	－3.79	＜0.001

注：* p＜0.05；** p＜0.01；*** p＜0.001

　　结果显示，国际中文和小学语文作文的词汇量具有显著差异（t＝－3.79，p＝0.001＜0.05），说明每一百字中的小学语文作文（M＝68.60，SD＝2.32）的词汇量多于国际中文作文的词汇量（M＝70.72，SD＝3.2）。

　　同理，对国际中文和小学语文作文的词种数进行独立样本 t 检验后，得到以下表格：

表 13－4　　国际中文和小学语文词种数差异

	国际中文	小学语文	t	p
	（n＝50）	（n＝50）		
词汇量	39.82±6.40	40.09±2.90	－0.27	0.788

注：* p＜0.05；** p＜0.01；*** p＜0.001

　　结果显示，国际中文和小学语文作文的词种数不具有显著差异（t＝－0.269，p＝0.788＞0.05）。

　　通过上述分析，我们可以发现小学语文作文的词汇量明显多于国际中文作文的词汇量。小学语文要求的识字量为 3 000 个常用字，与比较的国际中文要求掌握的汉字数量相近，两者的识字水平大致相当。而两类作文中的词汇量存在差异，原因是在写作中运用词汇量的多少受到较多因素的影响，与学习者本身的水平以及学习过程中词汇的积累有关。尽管国际中文学习者要求掌握的词汇量达到了

---

　　① 为了使数据能在同一个标准下进行比较，本编所使用的频率都是通过百分比得到的标准化频率。标准化频率（每百字）＝观测频数/每篇文本字数×100，即某检索项分别在各自的文本中每 100 字出现的标准化频数。

8 000 多个,但是在实际的运用中很难达到如此高的标准。由于语料本身的限制,本编并未探究词汇量与写作水平的关系。此外,研究发现国际中文和小学语文作文的词种数没有差异,我们将在本章第三小节对各词类进行统计分析。

13.2　作文词长比较

词长是指词的长度,通常以汉字、音节和音位作为测量单位。本编用音节来测量词长,比如"汉语"一词词长为 2,是双音节词。对于音节的划分,本编采用一个音节用一个汉字表示的方法,不考虑儿化现象。

13.2.1　国际中文作文词长统计分析

表 13-5　国际中文作文词长统计

词长类型	单音节词 (词长 = 1)	双音节词 (词长 = 2)	三音节词 (词长 = 3)	四音节及以上 (词长 > 3)	总词种数
数量	2 928	3 675	161	81	6 845
占比	42.78%	53.69%	2.35%	1.18%	100%

由上表 2-5 可知,国际中文作文中占比最多的为单音节词和双音节词,占总词种数的 96.47%。在所有按照词长划分的各种词汇类型中,双音节词最多,达到了一半以上。而四音节及以上词最少,仅占据 1.18%。

为探究国际中文学习者在写作的词汇使用过程中不同词长类型词汇的出现频率是否有显著差异,我们使用单因素方差分析进行检验,得到如下表格:

表 13-6　国际中文作文不同词长类型词汇的出现频率差异

	单音节词 (n = 50)	双音节词 (n = 50)	三音节词 (n = 50)	四音节 及以上词 n = 50	F	p
出现频率	16.82 ± 2.89	21.11 ± 2.21	0.80 ± 0.53	0.47 ± 0.38	1 684*	< 0.001

注: * $p < 0.05$; ** $p < 0.01$; *** $p < 0.001$

在国际中文作文中,不同词长类型词汇的出现频率具有显著差异($F = 1684$,$p < 0.01$),双音节词出现的频率最高,三音节词和四音节及以上词出现的频率非常低。经事后检验发现,单音节词和双音节词,单音节词和四音节及以上词两两比较

均存在显著差异(p<0.05)。其中,双音节词与单音节词、三音节词和四音节及以上词出现频率的平均值差分别为 4.30,20.32 和 20.65,单音节词出现的频率显著高于三音节词和四音节及以上词(MD 分别为 16.02 和 16.35)。

词长能反映词的信息量大小,且与语义关系有关。词长较短的词倾向于表达积极意义,表达的信息量较少。(陈衡,2016)统计显示作文中单音节词与双音节词占据绝大部分,说明国际中文学习者更倾向于在作文中使用表达积极情感的词汇。如作文编号为 5 的作文,我们发现其中使用的双音节词多为"尊敬""漂亮"和"温存"等积极形容词。在国际中文作文中占比最少的四音节及以上词在这篇作文中仅有"无缘无故"和"一去不复返",表达的信息量较多。此外,词长也与二语学习者的心理有关。越长的词越不容易记忆,学习者容易产生畏难情绪,对此产生抵触,在学习过程中很难记住。而词长越短,意义也往往更简单,且比起音节长的词更加常用,学习者就会更多地理解和使用。

13.2.2　小学语文作文词长统计分析

表 13-7　小学语文作文词长统计[①]

词长类型	单音节词（词长＝1）	双音节词（词长＝2）	三音节词（词长＝3）	四音节及以上（词长＞3）	总词种数
数量	3 580	3 170	160	135	7 045
占比	50.82％	45.00％	2.27％	1.92％	100％

上表数据显示,小学语文作文中占比最多的为单音节词和双音节词,占总词数的 95％以上。其中单音节词最多,超过了 50％,四音节及以上词最少,为 1.92％。

同样使用单因素方差分析,检测小学语文作文中不同词长类型词汇的出现频率是否具有显著差异,得到下表:

表 13-8　小学语文作文不同词长类型词汇的出现频率差异

	单音节词（n＝50）	双音节词（n＝50）	三音节词（n＝50）	四音节及以上词 n＝50	F	p
出现频率	20.41±2.70	18.00±2.85	0.91±0.62	0.77±0.56	1412*	<0.001

注: * p<0.05; ** p<0.01; *** p<0.001

---

① 因四舍五入,词长统计占比总和为 100.01％。

在小学语文作文中,不同词长类型词汇的出现频率具有显著差异($F = 1\,412$,$p < 0.01$),单音节词出现的频率最高,三音节词和四音节及以上词出现的频率非常低。经事后检验发现,在小学语文作文中,不同词长类型词汇的出现频率具有显著差异($F = 1\,412$,$p < 0.01$),单音节词和双音节词,单音节词和四音节及以上词两两比较均存在显著差异($p < 0.05$)。其中,单音节词与双音节词、三音节词和四音节及以上词出现频率的平均值差分别为 2.40,19.49 和 19.64,双音节词出现的频率显著高于三音节词和四音节及以上词(MD 分别为 17.09 和 17.24)。

现代汉语词汇由基本词汇和一般词汇构成。词汇中最主要的部分是基本词汇,反映了自然界和人类社会生活中的一些最基本的概念(黄伯荣、廖序东,2017)。根据儿童的认知发展规律,其认识活动从简单具体的事物转向复杂抽象的事物。词汇的学习是由简单到复杂的过程,一般是先学习常用的基本词汇再学习一般词汇。在统计的小学语文作文中,单音节的基本词汇有我、她、黑、手、瘦、爱、打、吃、一、人、想、说、家等,双音节的基本词汇有妈妈、眼睛、云朵、爸爸、篮球、学习、眼睛、温暖、仔细、邻居、美丽、嘴巴、可爱等,都是小学生在日常生活中经常接触和使用频率很高的词汇。四音节及以上的词汇多为成语,如语重心长、年轻力壮、半壁江山、见义勇为、绞尽脑汁、一模一样等,这些都属于一般词汇。小学生到了高年级随着认知范围的扩大,逐渐能掌握一些抽象概念,词汇习得也更加丰富,也会使用较复杂的一般词汇。

13.2.3　词长比较分析

为使国际中文和小学语文作文在同一标准下进行对比,我们使用各自文本的标准化频率总和来比较,两者的不同词长类型词汇的出现频率统计如下:

表 13 - 9　不同词长类型的词汇频率比较

	单音节词	双音节词	三音节词	四音节及以上
国际中文	840.81	1 055.59	39.76	23.25
小学语文	1 020.3	900.2	45.71	38.34

图表显示,小学语文作文单音节词汇的出现频率多于国际中文作文,双音节词汇的出现频率少于国际中文作文。前面的统计分析表明,国际中文作文双音节词汇的出现频率在所有词长类型的词汇中显著最多,小学语文作文中的单音节词汇的出现频率在所有词长类型的词汇中显著最多。汉语母语学习者相较于国际中文

图 13 - 1　不同词长类型的词汇频率柱状图

学习者,在正式的课堂词汇学习之前已经在日常生活中积累了一定的词语,并且多以听说为主。一般来说,单音节词广泛运用于口语中,逐步运用到书面语的使用中,汉语母语学习者平时在生活中更多地运用口语进行交际,因此也会影响他们在书面语中倾向于使用单音节词。由于现代汉语词汇的双音节化,双音节词汇是汉语构词的主要形式。但是单音节词本身构词非常灵活,更容易与其他词和语素进行组合,因此在社会发展中更流行和普及。

　　单音节词和双音节词差异明显,但是对于三音节词和四音节及以上的词需要通过进一步的统计进行验证。对两类作文的三音节词进行独立样本 t 检验,结果显示(p＝0.303＞0.05),因此国际中文和小学语文作文中三音节词的出现频率不存在显著差异。对两类作文的四音节以上词进行独立样本 t 检验,结果显示(p＝0.002＞0.05),因此国际中文作文和小学语文作文中四音节以上词的出现频率存在显著差异,小学语文作文中的四音节及以上词比国际中文作文更多。成语通常来自古典文献,相沿引用,具有历史和文化含义,而四音节及以上词大部分是成语。汉语母语者从小就生活在汉语环境中,在节日、习俗和其他课外书中更容易习得成语,因此比国际中文者积累和掌握更多的成语,并在书面语的写作中加以运用。

　　综上,国际中文和小学语文作文两者的单音节词和双音节词在所有词长类型的词中均占了大部分,都达到了各自的 95％以上。国际中文作文中双音节词显著高于其他词,小学语文作文中单音节词显著高于其他词。两者比较发现,国际中文的双音节词的使用频率高于小学语文,小学语文的单音节词和四音节及以上词的使用频率高于国际中文。

13.3　作文词类比较

　　词类是词的语法性质的分类,分类的依据是词的语法功能、形态和意义三个方面(黄伯荣、廖序东,2017)。不同的词类具有不同的语法表现,对词类的区别和划分能使学生在学习过程中能更好地掌握和运用词汇。不同的语法体系对词类的分类标准并不相同,本编采用的是黄伯荣、廖序东《现代汉语》(增订六版)中的词类分类系统,将词类按照语法功能区分为实词和虚词。其中,能够单独充当句法成分,有词汇意义和语法意义的是实词;不能充当句法成分,只有语法意义的是虚词。我们将在下文统计实词的七种类型——名词、动词、形容词、区别词、数词、量词、副词、代词、拟声词和叹词以及虚词的四种类型——介词、连词、助词和语气词。

　　由于使用的分词软件只是机械地按照系统的原有标准进行统计,与实际语境中的结果可能有所差异,因此我们需要对词性进行二次人工校对。比如分词结果会有 vn 标注的动名词,由于词类的兼类现象需要根据该词的句法成分进行区分。回到原始语料中去看发现标注为 vn 的词汇"工作"根据具体语境实际为名词,比如:"他快要辞职,因为工作太忙却工资很低。"标注为 vn 词汇的"生活"也有作为动词出现的情况,例如:"他觉得如果我会独立生活,我会达到任何目的。"因此我们对初步得到的分词结果进行二次人工分词,以保证词类的准确性。另外,词性标注为 t 的词汇均为时间名词,词性标注为 f 的均为方位名词,词性标注为 s 的均为处所名词,按照《现代汉语》(增订六版)中词类的分类系统,我们将以上三种词类都归为名词。

　　由于词类划分标准的不同以及实际运用的影响,本编的词类划分可能存在一定的缺陷,不一定能完全准确和完整地呈现作文中的各种词类的分布情况。但是为探究各自作文词类的运用规律以及进行两者之间的对比,我们尽可能地多次进行人工校对,并辅助查阅资料以获取更有效的数据。

13.3.1　国际中文作文词类统计分析

　　我们根据国际中文作文分词后的词性标注统计各类词出现的次数,得到实词和虚词的结果如下表所示:

表 13 - 10　国际中文作文实词统计

词　类	词　次	占比(%)	举　　　例
名　词	2 633	27.93	父亲、人、同学、高中、城市
动　词	2 600	27.58	记得、有、干活、像、爱
形容词	479	5.08	好、小、勤劳、漂亮、善良

续　表

词　类	词　次	占比(%)	举　　例
副　词	1 236	13.11	很、都、太、没、常常
量　词	255	2.71	个、点、次、天、岁
区别词	43	0.46	男、女、无限、业余
数　词	364	3.86	一、两、半、俩
代　词	1 815	19.26	我、他们、自己、她、那
拟声词	1	0.01	咕咕
叹　词	0	0.00	
总　计	9 426	100	

表 13 - 11　国际中文作文虚词统计

词　类	词　次	占比(%)	举　　例
介　词	614	27.02	为了、把、同、除了、对
连　词	406	17.87	因为、和、如果、虽然、而且
助　词	1 207	53.13	的、得、地、过、了
语气词	45	1.98	啊、了、呢、吧
总　计	2 272	100	

以上两表可见,国际中文作文中实词明显多于虚词,实词是虚词的四倍。在实词中,名词出现次数最多,名词和动词占据一半以上。而叹词和拟声词占比极少,拟声词仅为 0.01%,叹词更是没有出现。在虚词中,助词占比最多,达到一半以上,而语气词相对来说较少,仅为 1.98%。

13.3.2　小学语文作文词类统计分析

用同样的方法统计小学语文作文的词类分布情况,得到实词和虚词的结果如下表所示:

表 13‑12 小学语文作文实词统计

词 类	词 次	占比(%)	举 例
名 词	2 645	25.93	脑袋、爸爸、上、现在、考试
动 词	3 105	30.44	打、散步、是、叫、吃
形容词	778	7.63	美丽、温馨、老、勇敢、聪明
副 词	1 247	12.23	最、不、太、很、都
量 词	352	3.45	次、条、台、天、岁
区别词	31	0.30	主要、中等、男、女
数 词	478	4.69	一、俩、五、八十、第二
代 词	1 544	15.14	我、她、别人、那、大家
拟声词	9	0.09	呼呼、嘟嘟、呼呼、呜呜
叹 词	11	0.11	咦、啊、哎、哦
总 计	10 200	100①	

表 13‑13 小学语文作文虚词统计

词 类	词 次	占比(%)	举 例
介 词	462	20.94	在、对、被、把、为了
连 词	262	11.88	虽然、而、只要、因为、和
助 词	1 347	61.06	的、得、地、了、给
语气词	135	6.12	呢、啊、吧、了、啦
总 计	2206	100	

以上两表可见,小学语文作文中实词占据的数量是虚词的近五倍。在实词中,动词的词次数最多,名词和动词之和同样达到了 50% 以上。占比最少的为拟声词

---

① 因四舍五入,小学语文作文实词统计占比为 100.01%。

和叹词,总和为所有实词的0.2%。在虚词中,助词出现次数最多,占比为61.06%,出现次数最少的语气词占虚词总词次的6.12%。

13.3.3　词类比较分析

将国际中文作文和小学语文作文的实词和虚词的分布情况进行汇总,具体数据详见表13-14。

表13-14　作文词类比较

国 际 中 文				小 学 语 文			
词 类		词次	占比(%)	词 类		词次	占比(%)
实词	名词	2 633	22.51	实词	名词	2 645	21.32
	动词	2 600	22.23		动词	3 105	25.03
	形容词	479	4.09		形容词	778	6.27
	副词	1 236	10.57		副词	1 247	10.05
	量词	255	2.18		量词	352	2.84
	区别词	43	0.37		区别词	31	0.25
	数词	364	3.11		数词	478	3.85
	代词	1 815	15.52		代词	1 544	12.45
	拟声词	1	0.00		拟声词	9	0.07
	叹词	0	0.00		叹词	11	0.09
实词 小计			80.58	实词 小计			82.22
虚词	介词	614	5.25	虚词	介词	462	3.72
	连词	406	3.47		连词	262	2.11
	助词	1 207	10.32		助词	1 347	10.86
	语气词	45	0.38		语气词	135	1.09
虚词 小计			19.42	虚词 小计			17.78
总　计		11 698[①]	100	总　计		12 406	100

---

① 国际中文作文中的偏误较多,所以基于词类的词汇总量统计所得较前有所偏差。

　　根据上表及之前的分析,从整体上来看,国际中文作文中实词占比(80.58%)约为虚词(19.42%)的 4.15 倍,小学语文作文中实词占比(82.22%)约为虚词(17.78%)的 4.62 倍。说明国际中文学习者和母语学习者在写作过程中都普遍使用实词,而虚词偏少。

　　"实词的发展处于绝对的优势地位。几乎在所有的年龄阶段,实词的比例都在 90%左右。"(李宇明,1995)首先,这是因为在现代汉语中,虚词数量本身相对较少,属于封闭类,不具有实际意义。不论是在国际中文教材还是小学语文教材中,都是实词占绝对优势。"对外汉语教学的语法偏误通常分为两大类,一类是词法方面的,主要是指各类词的使用偏误,尤其是副词、连词、助词等意义较虚的词的使用错误,也涉及词和短语的构成偏误。"(齐沪扬,2005)其次,二语学习者在习得虚词时相较于实词更容易产生偏误,在使用过程中也会回避使用难以掌握的虚词。虚词往往不止有一种语法意义,使用时需要分辨容易混淆的虚词。国际中文学习者和小学语文学习者本身的写作水平并不高,在写作中也会选择使用更加简单的词汇,如实词中的名词、动词和代词。

　　为了更加直观地反映汉语二语作文与小学作文实词与虚词中各词类占比的差异,我们用以下折线图来表示:

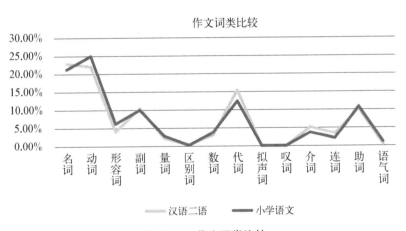

图 13 - 2　作文词类比较

　　由图 13 - 2 可见,两条曲线的变化趋势大致相同,在部分词类上的占比也几乎重合,仅在部分词类上存在差异。在实词中,最高的两点上两者正好相反,在国际中文作文出现次数最多的为名词,在所有词类中占比为 22.51%,小学语文中出现次数最多的动词在所有词类中占比为 25.03%,另外,两者在形容词和代词的占比上也存在明显的差异,国际中文中形容词占比(4.09%)比小学语文中形容词占比

（6.27％）少，国际中文中代词占比（15.52％）比小学语文代词占比（12.45％）多。在虚词中，两类作文都是助词占比最多。存在较小差异的是介词和连词，表现为国际中文介词占比（5.25％）略高于小学语文介词占比（3.72％），国际中文连词占比（3.47％）略高于小学语文介词占比（2.11％）。由于各词类数量太多，我们在下文对常用的动词、名词和形容词进行例句的具体分析。

国际中文学习者在写作中更倾向于使用名词，原因是名词表示人、事、物、地点或抽象概念，本身种类众多，在生活和教材中又经常出现，而且相比于其他词类更简单，容易记忆。

以名词"人"为例，在所有统计的国际中文作文中共出现了 158 次。我们选取不同释义的例句来进行考察①，例句如下：

(1) 她说："你父亲是个很好的人也是个好的工人，他工作很认真，是因为一个有良心的人应该为社会，为国家做贡献。"（国际中文作文 2）

(2) 对我影响最大的一个人，肯定是一个中国人，但我说不好是哪一个。（国际中文作文 18）

(3) 有消极思想的人，什么事都都办不成，而且令周围人也感到不舒服。（国际中文作文 21）

(4) 父亲生活经验丰富，一直向我传授中华优良传统美德，强调像我一样的年轻人要刻苦耐劳，同时培养勤劳节俭的美德。（国际中文作文 28）

例(1)中的"人"在词典中对应释义六：指人的品质、性格或名誉，在作文中指"父亲"的品质很好，类似的用法有"这个人很好""他为人老实"等。例(2)中的"人"是最常用的释义，在作文中出现次数较多，对应释义一：能制造工具并使用工具进行劳动的高等动物。该句中"一个"和"中国"都是作为定语与"人"共同组成了偏正短语。例(3)在词典中是释义五：别人，指自己或某人以外的人。例(4)对应词典中的释义三：成年人，类似的用法有"长大成人"。

小学语文作文中"人"共出现 71 次，选取具有释义代表性的例句如下：

(5) 我的父亲不是一名有钱的老板，也不是什么当官的，就是一名普普通通的工人。但在我的心里他永远都是最伟大的。（小学语文 16）

(6) 我有一位我最喜欢的亲人，你知不知道我最喜欢的亲人是谁呢？那就是我的爸爸了。（小学语文 31）

(7) 这时我飞快的跑到爸爸的身边，看到爸爸的衣服全被河水浸湿了，我就拉

_____

① 本编参考的注释均来自《现代汉语词典》（第 7 版），下文都以词典简称。

着爸爸往回家的路上走。听见后面的<u>人</u>在夸爸爸是一个乐于助人的好市民。(小学语文 42)

(8) 从爸爸做的这两件事,我懂得了：如果<u>人</u>人献出一点爱,那么世界就会变得更美好(小学语文 42)

例(5)中的"工人"在词典中为释义四：指某种身份或职业的人。"人"作为构词语素,处于后置词尾使得整个词汇成为偏正复合词。其他相同用法的有"军人""电影人"和"媒体人"等。例(6)中的"亲人"与例(2)释义相同,"亲"与"人"组合成为偏正结构。例(7)中"乐于助人"的"人"与例(3)一样,都是指别人。但有所不同的是这里的"人"并不是以偏正短语的后置语素出现,而是做了"助"后的宾语,整个词汇为状中式成语。例(8)中的"人人"就是"人"经过重叠后得到的,对应词典中的释义二：每人。

名词"人"在现代汉语词典中总共有九项释义,通过对国际中文和小学语文作文的对比我们发现两类作文基本上都用了"人"的几种常用释义,用法基本相同。而部分释义又存在一些差异,表现为有些释义只出现在国际中文作文中,有些释义只出现在小学语文作文中,如小学语文编号 42 的作文中出现了"乐于助人"这样的成语,国际中文作文中相对缺少。

动词的主要语法特征是带宾语,绝大部分动词能做谓语,而谓语又是句子不可缺少的成分。在上文的分析中,我们发现动词的占比与名词差距不大。在动词的使用上,国际中文作文略少于小学语文作文。小学生在写作中使用动词次数最多,甚至高于名词,是因为小学生习惯使用短句,当然也与我们所选的语料都是写人的记叙文有关,动词的使用能够使作文更富有活力和表现力,如：

(9) 晚上,我睡着时,听见缝纫机的响声,我起来一看,原来妈妈在缝一双雨靴,我见了,跑上去抱着妈妈说："妈妈,我不要雨靴了,您别熬夜了!"(小学语文作文 27)

(10) 我的爸爸个子很高,足有一米九高,也很壮,有两百多斤重。方方的脸上架着一副眼镜,脸上常挂着笑,是一个看起来很斯文的人。(小学语文作文 38)

(11) 我乖乖地站到门外,站累了蹲,蹲累了就站,我不敢吭声,希望我的安静能让妈妈消消气,不知过了多久门打开了,妈妈让我进去,还是给我打了一顿才消气。(小学语文作文 40)

形容词主要表示人或事物的性质、状态、特征或属性,分为性质形容词和状态形容词。据上文统计,国际中文作文中的形容词出现的次数也少于小学语文作文。

虽然形容词的占比并不大,但是在写作中通过使用形容词可以更好地描写事物,表达情感,尤其是在写人记叙文中通常用性质形容词来表现人的品格。我们以常用的一组形容词"好""坏"为例在国际中文作文语料库中检索,发现"好"作为形容词时出现的次数为 61 次,"坏"作为形容词时出现的次数仅为 4 次。在小学语文作文语料库中,"好"作为形容词时出现的次数为 77 次,"坏"作为形容词时出现的次数仅为 8 次。例句如下:

(12) 这世界没有十全十美的公司,也没有十全十美的工作。自己好好做事,那么结果一定会好的。(国际中文作文 27)

(13) 到 23 岁还没开始工作,一定别的人用不好的目光向父亲看着,可是他从来没告诉过我这样的事情。(国际中文作文 45)

(14) 我在家中排行最小,课业和样子都比兄姐们强,所以脾气也比别人坏,又骄傲,又自大,总认为自己是最好的。(国际中文作文 30)

(15) 当我考试成绩差的时候,她就来鼓励我让我不要气馁;等我考出好成绩的时候,她就告诉我不能骄傲,要谦虚一点。(小学语文作文 30)

(16) 听奶奶说,母亲因为一场车祸失去了生命,而爸爸害怕别的女人对我不好,所以一直都是单身。(小学语文作文 32)

(17) 记得在我三岁的时候,我半夜发高烧,这可急坏了您和爸爸,你们将我送到医院。(小学语文作文 32)

例(12)和例(15)中的形容词"好"都是最常用的用法,在词典中的释义为优点有点多的,使满意的(跟"坏"相对),分别做谓语和定语。与此不同的是,例(13)和例(16)中的形容词"好"虽然是同种释义,但是前面都用了否定副词"不"修饰而成为了贬义词。例(14)中的"坏"释义为缺点多的;使人不满意的跟"好"相对,做分句的谓语。例(17)中"坏"表示身体或精神受到某种影响而达到极不舒服的程度,有时只表示程度深,做动词"急"的补语。通过上述例句的分析我们可以得出在形容词的使用中,无论是国际中文学习者还是小学生,更倾向于使用积极的形容词,即使需要否定也较少使用消极的形容词,这与前文的分析一致。

13.4 本 章 小 结

本章分别统计了国际中文和小学语文作文中词汇的构成情况:词量、词长和词类,并进行了比较和差异分析。

在词量方面,小学语文的词汇量多于国际中文的词汇量,两类作文的词种数之间没有显著差异。

　　在词长方面,我们用音节作为标准将词汇划分为单音节词、双音节词、三音节词和四音节及以上词四种类型。分析发现,国际中文作文的单音节词汇的出现频率在所有词长类型的词汇中显著最多,小学语文作文中的双音节词汇的出现频率在所有词长类型的词汇中显著最多。两类作文比较发现,国际中文的双音节词多于小学语文,小学语文的单音节词和四音节及以上词多于国际中文。

　　在词类方面,两类作文都是实词占据绝大部分。在实词中,国际中文作文中占据最多的名词,小学语文作文中占据最多的是动词,形容词和代词也在使用次数上有差异。在虚词中,两类作文占比最多的都是助词,存在差异主要是介词和连词。此外,我们对常用的名词、动词和形容词进行了例句的具体分析。

第14章 作文中的高频词

14.1 高频词统计

14.1.1 国际中文高频词统计

我们对国际中文作文中的词频进行统计,并选取前一百个高频词按照位序排列,整理成表 14-1。其中,位序越小,说明该词汇使用频率①越高;位序越大,该词汇使用频率越低。

表 14-1 国际中文前 100 个高频词统计

位序	词汇	频率	位序	词汇	频率	位序	词汇	频率
1	的	7.074 5	12	人	0.796 4	23	上	0.381 3
2	我	6.312 0	13	她	0.762 5	24	影响	0.381 3
3	他	2.931 5	14	一个	0.669 3	25	现在	0.381 3
4	父亲	1.796 2	15	我们	0.669 3	26	地	0.372 8
5	是	1.313 2	16	有	0.576 1	27	但	0.364 3
6	了	1.262 4	17	时候	0.567 7	28	自己	0.364 3
7	在	1.220 0	18	和	0.449 0	29	好	0.347 4
8	对	1.118 4	19	工作	0.449 0	30	跟	0.338 9
9	很	0.923 5	20	都	0.449 0	31	做	0.330 4
10	不	0.821 8	21	到	0.440 6	32	母亲	0.330 4
11	也	0.804 9	22	一	0.398 2	33	说	0.330 4

① 使用频率=词汇出现数量/总词汇量 * 100%。

续　表

位序	词汇	频率	位序	词汇	频率	位序	词汇	频率
34	所以	0.313 5	57	过	0.228 8	79	太	0.194 9
35	来	0.313 5	58	中国	0.220 3	80	当	0.194 9
36	这	0.313 5	59	最大	0.220 3	81	最	0.194 9
37	你	0.305 0	60	虽然	0.220 3	82	中	0.186 4
38	去	0.305 0	61	觉得	0.220 3	83	很多	0.186 4
39	生活	0.305 0	62	问题	0.220 3	84	是	0.186 4
40	就	0.296 5	63	们	0.211 8	85	个	0.186 4
41	给	0.296 5	64	因为	0.211 8	86	事情	0.177 9
42	让	0.296 5	65	多	0.211 8	87	非常	0.177 9
43	没有	0.288 1	66	得	0.211 8	88	从	0.169 4
44	要	0.288 1	67	总是	0.211 8	89	爱	0.169 4
45	以后	0.262 6	68	时	0.211 8	90	这个	0.169 4
46	但是	0.262 6	69	爸爸	0.211 8	91	别人	0.161 0
47	看	0.262 6	70	着	0.211 8	92	又	0.161 0
48	什么	0.254 2	71	想	0.203 3	93	妈	0.161 0
49	学习	0.254 2	72	把	0.203 3	94	小	0.161 0
50	而且	0.245 7	73	知道	0.203 3	95	所	0.161 0
51	还	0.245 7	74	老师	0.203 3	96	教育	0.161 0
52	可是	0.237 2	75	能	0.203 3	97	社会	0.161 0
53	大学	0.237 2	76	这样	0.203 3	98	一样	0.152 5
54	孩子	0.237 2	77	会	0.194 9	99	如果	0.152 5
55	没	0.228 8	78	喜欢	0.194 9	100	学生	0.152 5
56	而	0.228 8						

在这 100 个高频词中,仅出现了单音节词和双音节词。其中单音节词共 59 个,双音节词共 41 个,这与我们前面得出的:在国际中文作文中,双音节词占比最高这个结论不同,在前一百个高频词中仍然以单音词为主。

将这 100 个高频词与现代汉语语料库词语频率表①的前 100 个高频词相比较,高频共有词有 58 个,按照频率高低依次为:的、我、他、了、在、对、很、不、也、人、她、一个、我们、有、和、工作、都、到、一、上、地、但、自己、好、说、来、这、你、去、生活、就、给、没有、要、看、什么、还、而、问题、因为、多、得、时、着、想、把、能、这样、会、中、是、个、从、这个、又、小、所、社会。高频共有词接近语料库的一半,说明国际中文者在写作中比较喜欢使用贴近汉语日常生活词汇。非共有高频词有"父亲""时候""影响""现在""跟"和"做"等。其中"父亲"一词在国际中文前 100 个高频词中排序为 4。使用次数达到 212 次,出现这种特殊情况与作文的主题有关。

14.1.2　小学语文高频词统计

同样对小学语文作文语料库的词频进行统计分析,选取其中前一百个高频词,得到以下表格:

表 14 - 2　小学语文前 100 个高频词统计

位序	词汇	频率	位序	词汇	频率	位序	词汇	频率
1	的	6.237 5	12	他	0.802 8	23	给	0.457 6
2	我	5.980 6	13	就	0.746 6	24	老师	0.457 6
3	了	2.448 4	14	着	0.738 5	25	也	0.449 5
4	妈妈	1.782 1	15	她	0.698 4	26	去	0.441 5
5	爸爸	1.774 1	16	很	0.698 4	27	好	0.433 5
6	是	1.453 0	17	一个	0.618 1	28	和	0.393 4
7	在	1.003 5	18	我们	0.618 1	29	地	0.393 4
8	有	0.883 0	19	都	0.570 0	30	人	0.385 3
9	一	0.859 0	20	不	0.545 9	31	看	0.377 3
10	你	0.834 9	21	又	0.505 7	32	让	0.361 2
11	说	0.810 8	22	上	0.473 6	33	还	0.361 2

---

① CorpusWordlist(现代汉语语料库词语频率表),语料规模 2 000 万字。

位序	词汇	频率	位序	词汇	频率	位序	词汇	频率
34	对	0.353 2	57	看见	0.208 7	79	喜欢	0.160 6
35	爷爷	0.345 2	58	写	0.200 7	80	父亲	0.160 6
36	一次	0.337 2	59	而	0.200 7	81	几	0.152 5
37	到	0.337 2	60	起来	0.200 7	82	多	0.152 5
38	爱	0.337 2	61	买	0.192 7	83	就是	0.305 0
39	这	0.329 1	62	可	0.192 7	84	记得	0.152 5
40	做	0.313 1	63	没	0.192 7	85	里	0.289 0
41	把	0.313 1	64	但	0.184 6	86	从	0.144 5
42	时候	0.313 1	65	作业	0.184 6	87	啊	0.144 5
43	要	0.305 0	66	像	0.184 6	88	头发	0.144 5
44	就是	0.305 0	67	吃	0.184 6	89	总是	0.144 5
45	想	0.289 0	68	什么	0.176 6	90	打	0.144 5
46	最	0.272 9	69	来	0.176 6	91	用	0.144 5
47	个	0.256 9	70	却	0.168 6	92	自己	0.144 5
48	呢	0.256 9	71	可是	0.168 6	93	被	0.144 5
49	时	0.240 8	72	才	0.168 6	94	起	0.144 5
50	没有	0.240 8	73	眼睛	0.168 6	95	过	0.144 5
51	能	0.232 8	74	老爸	0.168 6	96	下	0.136 5
52	得	0.224 8	75	这个	0.168 6	97	双	0.136 5
53	那	0.224 8	76	一样	0.160 6	98	吧	0.136 5
54	会	0.216 7	77	再	0.160 6	99	家里	0.136 5
55	学习	0.216 7	78	吗	0.160 6	100	这样	0.136 5
56	小	0.216 7						

小学语文作文中的高频词也仅有单音节词和双音节词。其中单音节词共 71 个,双音节词共 29 个,这与前文的分析相一致,即小学语文作文中的单音节词使用频率最高,这在前 100 个高频词中也得到了体现。

将表 14-2 与汉语语料库词频表相比较发现,高频共有词总共有 60 个,按照频率高低降序依次为:的、了、是、在、和、一、这、有、他、我、也、不、就、着、说、上、都、人、个、把、你、对、而、要、我们、又、来、一个、从、到、还、她、十、里、那、很、但、得、去、自己、没有、能、看、什么、被、这个、小、多、这样、会、好、下、呢、起来、可、就是、用、想、给。共有词达到了 60%,占据一半以上,说明小学生在写作过程中使用接近日常生活的词汇较多。大部分都是单音节词,双音词占比比较少,说明小学生更喜欢使用词长更短的词。剩下 43% 的非共有高频词多数与写作的主题有关,由于我们选取的是写人记叙文,因此非共有高频词出现了类似于"妈妈""爸爸""眼睛""喜欢""头发"这样的词汇。另外,"爸爸"在小学语文作文中出现的次数为 221 次,在前 100 个高频词中位序为 5。而"父亲"在作文中出现的次数仅为 20 次,位序为 80,表明小学生在词汇的使用上偏向口语化。

14.2　高频词比较分析

将国际中文作文与小学语文作文中的前 100 个高频词进行比较,得到两者的共有高频词共 66 个,如下表所示:

表 14-3　共有高频词词频统计

高频词	汉语二语	小学语文	高频词	汉语二语	小学语文	高频词	汉语二语	小学语文
的	7.074 5	6.237 5	你	0.305 0	0.834 9	我们	0.669 3	0.618 1
我	6.312 0	5.980 6	说	0.330 4	0.810 8	都	0.449 0	0.570 0
了	1.262 4	2.448 4	他	2.931 5	0.802 8	不	0.821 8	0.545 9
爸爸	0.211 8	1.774 1	就	0.296 5	0.746 6	又	0.161 0	0.505 7
是	0.186 4	1.453 0	着	0.211 8	0.738 5	上	0.381 3	0.473 6
在	1.220 0	1.003 5	她	0.762 5	0.698 4	给	0.296 5	0.457 6
有	0.576 1	0.883 0	很	0.923 5	0.698 4	老师	0.203 3	0.457 6
一	0.398 2	0.859 0	一个	0.669 3	0.618 1	也	0.804 9	0.449 5

续 表

高频词	汉语二语	小学语文	高频词	汉语二语	小学语文	高频词	汉语二语	小学语文
去	0.305 0	0.441 5	时候	0.567 7	0.313 1	但	0.364 3	0.184 6
好	0.347 4	0.433 5	要	0.288 1	0.305 0	什么	0.254 2	0.176 6
和	0.449 0	0.393 4	想	0.203 3	0.289 0	来	0.313 5	0.176 6
地	0.372 8	0.393 4	最	0.194 9	0.272 9	可是	0.237 2	0.168 6
人	0.796 4	0.385 3	个	0.186 4	0.256 9	这个	0.169 4	0.168 6
看	0.262 6	0.377 3	时	0.211 8	0.240 8	一样	0.152 5	0.160 6
让	0.296 5	0.361 2	没有	0.288 1	0.240 8	喜欢	0.194 9	0.160 6
还	0.245 7	0.361 2	能	0.203 3	0.232 8	父亲	1.796 2	0.160 6
对	1.118 4	0.353 2	得	0.211 8	0.224 8	多	0.211 8	0.152 5
到	0.440 6	0.337 2	会	0.194 9	0.216 7	从	0.169 4	0.144 5
爱	0.169 4	0.337 2	学习	0.254 2	0.216 7	总是	0.211 8	0.144 5
这	0.313 5	0.329 1	小	0.161 0	0.216 7	自己	0.364 3	0.144 5
做	0.330 4	0.313 1	而	0.228 8	0.200 7	过	0.228 8	0.144 5
把	0.203 3	0.313 1	没	0.228 8	0.192 7	这样	0.203 3	0.136 5

为检测国际中文和小学语文作文共有高频词的使用频率是否存在显著差异，使用独立样本 t 检验对其使用频率进行分析，得到以下表格：

表 14 - 4 国际中文和小学语文共有高频词差异

	国际中文 (n = 66)	小学语文 (n = 66)	t	p
词汇量	0.63 ± 1.17	0.63 ± 1.05	− 0.003	0.9

结果显示，国际中文和小学语文作文中的共有高频词不存在显著差异（t = − 0.003，p = 0.9＞0.05）说明两类作文在高频词的使用上基本相同。

根据上文的分析，在前一百个高频词中，国际中文作文中的单音节词少于小学语文作文中的单音节词,双音节词多于小学语文作文中的双音节词。高频词的词类内部差异不大,都是实词占比较多,虚词约是实词的四分之一。两类作文的高频词与汉语语料库词频表的共有高频词都达到一半以上,说明无论是国际中文学习者还是小学生,使用的词汇都比较接近生活中的常用词汇。以亲属称谓名词为例,共有高频词"爸爸"在国际中文作文中的使用次数为 25 次,使用频率远远少于在小学语文作文中使用的次数(221 次)。共有高频词"父亲"在国际中文作文中的使用次数为 212 次,使用频率明显多于小学语文作文中"父亲"的使用次数(20 次)。因此不难发现,国际中文学习者比小学生更多地使用书面语,小学生比国际中文者更多地使用口语。

14.2.1 高频词"的"

经上文统计,助词"的"在国际中文和小学语文作文中的使用频率都达到最高,为检测两类作文中助词"的"的使用频率是否存在显著差异,使用独立样本 t 检验对其使用频率[①]进行分析,得到以下表格:

表 14 - 5 国际中文和小学语文助词"的"差异

	国际中文	小学语文	t	p
	(n = 50)	(n = 50)		
助词"的"	5.10 ± 1.54	4.78 ± 1.34	1.093	0.277

结果表明,在助词"的"使用上,国际中文和小学语文作文不存在显著差异($t = -1.093, p = 0.277 > 0.05$),但从数值上看,在作文的每一百字中,国际中文学习者使用"的"的频率略高于小学生。在这与徐勤(2017)的统计结果有所差异,与李玲玉(2016)和王蒙(2016)的结果一致。

徐勤(2017)在研究中发现,泰国学生记叙文作文每一百字使用助词"的"的频率低于中国学生,中泰的使用频率存在显著差异($p = 0.000 < 0.05$);印尼学生记叙文作文每一百字使用助词"的"的频率低于中国学生,两者的使用频率存在显著差异($p = 0.035 < 0.05$)。本编研究结果与其发现不一致的原因与徐勤统计的国际学生国别仅为泰国和印尼学生,不具有国际中文学习者的普遍性有关。且其统计的

---

① 标准化频率(每百字)= 观测频数/每篇文本字数×100,即某检索项分别在各自的文本中每 100 字出现的标准化频数。

中国学生作文为高中作文,而本编统计的中国学生作文为小学作文,由于写作水平的差异,在助词"的"的使用上也会有所不同。

14.2.2　高频名词

对于高频词的界定,可以使用计算公式 $n = \sqrt{D}$ 来计算,其中 n 表示某种高频词的最低频率词,D 表示总词汇数。(孙清兰,1992)以名词为例,在抽取的 50 篇国际中文作文中,名词总数(D)为 2 633。使用公式计算得到 $n = 51.31$,取整数为 51,即词频大于或等于 51 的名词为高频名词。在抽取的 50 篇小学语文作文中,名词总数(D)为 2 645。使用公式计算得出 $n = 51.43$,取整数为 51,即词频大于或等于 51 的名词为高频名词。故本编统计名词中前 51 个的高频词[①],如表 14 - 6 所示。

表 14 - 6　前 51 个高频名词比较

国 际 中 文				小 学 语 文			
位序	词汇	词次	频　率	位序	词汇	词次	频　率
1	父亲	212	1.796 2	1	妈妈	222	1.782 1
2	人	94	0.796 4	2	爸爸	221	1.774 1
3	时候	67	0.567 7	3	上	59	0.473 6
4	上	45	0.381 3	4	老师	57	0.457 6
5	现在	45	0.381 3	5	人	48	0.385 3
6	母亲	39	0.330 4	6	爷爷	43	0.345 2
7	以后	31	0.262 6	7	时候	39	0.313 1
8	大学	28	0.237 2	8	时	30	0.240 8
9	孩子	28	0.237 2	9	作业	23	0.184 6
10	中国	26	0.220 3	10	眼睛	22	0.176 6
11	问题	26	0.220 3	11	老爸	21	0.168 6
12	爸爸	25	0.211 8	12	父亲	20	0.160 6

---

① 为避免出现词性的混淆,本编在统计时排除动名词等名词兼类词。

续　表

| 国　际　中　文 | | | | 小　学　语　文 | | | |
位序	词汇	词次	频　率	位序	词汇	词次	频　率
13	老师	24	0.203 3	13	头发	18	0.144 5
14	中	22	0.186 4	14	下	17	0.136 5
15	事情	21	0.177 9	15	家	17	0.136 5
16	家	21	0.177 9	16	中	16	0.128 4
17	妈	19	0.161 0	17	钟	16	0.128 4
18	社会	19	0.161 0	18	同学	15	0.120 4
19	学生	18	0.152 5	19	妹妹	15	0.120 4
20	思想	18	0.152 5	20	后	14	0.112 4
21	公司	14	0.118 6	21	天	14	0.112 4
22	时间	14	0.118 6	22	今天	13	0.104 4
23	国家	13	0.110 1	23	作文	13	0.104 4
24	家庭	13	0.110 1	24	时间	12	0.096 3
25	关系	12	0.101 7	25	生活	12	0.096 3
26	家	12	0.101 7	26	个子	11	0.088 3
27	心	12	12	27	现在	11	0.088 3
28	情况	12	0.101 7	28	事	10	0.080 3
29	父母	12	12	29	孩子	10	0.080 3
30	学校	11	0.093 2	30	衣服	10	0.080 3
31	家乡	11	0.093 2	31	南瓜	9	0.072 2
32	文化	11	0.093 2	32	手	9	0.072 2
33	方面	11	0.093 2	33	身材	9	0.072 2
34	话	11	0.093 2	34	鼻子	9	0.072 2

续 表

国 际 中 文				小 学 语 文			
位序	词汇	词次	频 率	位序	词汇	词次	频 率
35	世界	10	0.084 7	35	医院	8	0.064 2
36	儿子	10	0.084 7	36	外面	8	0.064 2
37	爸	10	0.084 7	37	头	8	0.064 2
38	中华	9	0.076 3	38	样子	8	0.064 2
39	朋友	9	0.076 3	39	母亲	8	0.064 2
40	中文	8	0.067 8	40	东西	7	0.056 2
41	人生	8	0.067 8	41	书	7	0.056 2
42	以前	8	0.067 8	42	嘴巴	7	0.056 2
43	医院	8	0.067 8	43	姥姥	7	0.056 2
44	后来	8	0.067 8	44	字	7	0.056 2
45	年	8	0.067 8	45	小时	7	0.056 2
46	性格	8	0.067 8	46	早上	7	0.056 2
47	东西	7	0.059 3	47	晚上	7	0.056 2
48	今天	7	0.059 3	48	朋友	7	0.056 2
49	传统	7	0.059 3	49	水	7	0.056 2
50	原因	7	0.059 3	50	灯	7	0.056 2
51	地方	7	0.059 3	51	眉毛	7	0.056 2

从上表可以发现,国际中文和小学语文作文的前十位高频名词为共有词的有3个,分别为"上""时候"和"人"。在国际中文作文中,涉及写人的名词主要有"父亲""母亲"和"孩子"。在小学语文作文中,涉及写人的名词主要有"爸爸""妈妈""老师"和"爷爷"。小学生在写作中使用家人称谓时使用口语化的称呼,是因为五六年级的学生年龄为十一岁至十二岁左右,儿童在写作中难免会多使用口语化的词汇。

14.2.3　从单双音节角度看高频词

根据上一章对不同词长类型词汇的分类,本章将分别统计国际中文和小学语文作文中位序前五十位的高频单音节词和高频双音节词①,并进行比较。

表 14-7　前 50 个高频单音节词比较

国 际 中 文				小 学 语 文			
位序	词汇	词次	频　率	位序	词汇	词次	频　率
1	的	835	7.074 5	1	的	777	6.237 5
2	我	745	6.312 0	2	我	745	5.980 6
3	他	346	2.931 5	3	了	305	2.448 4
4	是	155	1.313 2	4	是	181	1.453 0
5	了	149	1.262 4	5	在	125	1.003 5
6	在	144	1.220 0	6	有	110	0.883 0
7	对	132	1.118 4	7	一	107	0.859 0
8	很	109	0.923 5	8	你	104	0.834 9
9	不	97	0.821 8	9	说	101	0.810 8
10	也	95	0.804 9	10	他	100	0.802 8
11	人	94	0.796 4	11	就	93	0.746 6
12	她	90	0.762 5	12	着	92	0.738 5
13	有	68	0.576 1	13	她	87	0.698 4
14	和	53	0.449 0	14	很	87	0.698 4
15	都	53	0.449 0	15	都	71	0.570 0
16	到	52	0.440 6	16	不	68	0.545 9
17	一	47	0.398 2	17	又	63	0.505 7

---

① 由于三音节词和四音节及以上词本身数量有限,故不作统计比较。

续　表

国　际　中　文				小　学　语　文			
位序	词汇	词次	频　率	位序	词汇	词次	频　率
18	上	45	0.381 3	18	上	59	0.473 6
19	地	44	0.372 8	19	给	57	0.457 6
20	但	43	0.364 3	20	也	56	0.449 5
21	好	41	0.347 4	21	去	55	0.441 5
22	跟	40	0.338 9	22	好	54	0.433 5
23	做	39	0.330 4	23	和	49	0.393 4
24	说	39	0.330 4	24	地	49	0.393 4
25	来	37	0.313 5	25	人	48	0.385 3
26	这	37	0.313 5	26	看	47	0.377 3
27	你	36	0.305 0	27	让	45	0.361 2
28	就	35	0.296 5	28	还	45	0.361 2
29	给	35	0.296 5	29	对	44	0.353 2
30	让	35	0.296 5	30	到	42	0.337 2
31	要	34	0.288 1	31	爱	42	0.337 2
32	看	31	0.262 6	32	这	41	0.329 1
33	还	29	0.245 7	33	做	39	0.313 1
34	没	27	0.228 8	34	把	39	0.313 1
35	而	27	0.228 8	35	个	32	0.256 9
36	过	27	0.228 8	36	呢	32	0.256 9
37	们	25	0.211 8	37	时	30	0.240 8
38	多	25	0.211 8	38	拿	29	0.232 8
39	得	25	0.211 8	39	能	29	0.232 8

国　际　中　文				小　学　语　文			
位序	词汇	词次	频　率	位序	词汇	词次	频　率
40	时	25	0.211 8	40	得	28	0.224 8
41	着	25	0.211 8	41	那	28	0.224 8
42	想	24	0.203 3	42	会	27	0.216 7
43	把	24	0.203 3	43	小	27	0.216 7
44	能	24	0.203 3	44	写	25	0.200 7
45	会	23	0.194 9	45	而	25	0.200 7
46	太	23	0.194 9	46	买	24	0.192 7
47	当	23	0.194 9	47	可	24	0.192 7
48	最	23	0.194 9	48	没	24	0.192 7
49	中	22	0.186 4	49	但	23	0.184 6
50	从	20	0.169 4	50	像	23	0.184 6

　　在位序前50位的高频单音节词中,国际中文和小学语文作文中的共有词有38个,分别是:的、我、了、是、在、有、一、你、说、他、就、着、她、很、都、不、上、给、也、好、和、地、人、看、让、还、对、到、这、做、把、时、能、得、会、而、没、但。国际中文作文中高频单音节词的词次从835－20递减,小学语文作文中高频单音节词的词次从777－23递减,总体上相差并不大。

表 14－8　前 50 个高频双音节词比较

国　际　中　文				小　学　语　文			
位序	词汇	词次	频　率	位序	词汇	词次	频　率
1	父亲	212	1.796 2	1	妈妈	222	1.782 1
2	一个	79	0.669 3	2	爸爸	221	1.774 1

国　际　中　文				小　学　语　文			
位序	词汇	词次	频　率	位序	词汇	词次	频　率
3	我们	79	0.669 3	3	一个	77	0.618 1
4	时候	67	0.567 7	4	我们	77	0.618 1
5	影响	45	0.381 3	5	老师	57	0.457 6
6	现在	45	0.381 3	6	爷爷	43	0.345 2
7	自己	43	0.364 3	7	一次	42	0.337 2
8	母亲	39	0.330 4	8	时候	39	0.313 1
9	所以	37	0.313 5	9	没有	30	0.240 8
10	生活	36	0.305 0	10	学习	27	0.216 7
11	没有	34	0.288 1	11	看见	26	0.208 7
12	以后	31	0.262 6	12	起来	25	0.200 7
13	但是	31	0.262 6	13	作业	23	0.184 6
14	什么	30	0.254 2	14	什么	22	0.176 6
15	学习	30	0.254 2	15	可是	21	0.168 6
16	而且	29	0.245 7	16	眼睛	21	0.168 6
17	可是	28	0.237 2	17	老爸	21	0.168 6
18	大学	28	0.237 2	18	这个	21	0.168 6
19	孩子	28	0.237 2	19	一样	20	0.160 6
20	中国	26	0.220 3	20	喜欢	20	0.160 6
21	最大	26	0.220 3	21	父亲	20	0.160 6
22	虽然	26	0.220 3	22	就是	19	0.152 5
23	觉得	26	0.220 3	23	记得	19	0.152 5

国 际 中 文				小 学 语 文			
位序	词汇	词次	频 率	位序	词汇	词次	频 率
24	问题	26	0.220 3	24	头发	18	0.144 5
25	因为	25	0.211 8	25	总是	18	0.144 5
26	总是	25	0.211 8	26	自己	18	0.144 5
27	爸爸	25	0.211 8	27	家里	17	0.136 5
28	知道	24	0.203 3	28	这样	17	0.136 5
29	老师	24	0.203 3	29	看到	16	0.128 4
30	这样	24	0.203 3	30	知道	16	0.128 4
31	喜欢	23	0.194 9	31	还是	16	0.128 4
32	很多	22	0.186 4	32	可以	15	0.120 4
33	事情	21	0.177 9	33	同学	15	0.120 4
34	非常	21	0.177 9	34	回来	15	0.120 4
35	这个	20	0.169 4	35	因为	15	0.120 4
36	别人	19	0.161 0	36	妹妹	15	0.120 4
37	教育	19	0.161 0	37	很多	15	0.120 4
38	社会	19	0.161 0	38	每天	15	0.120 4
39	一样	18	0.152 5	39	觉得	15	0.120 4
40	如果	18	0.152 5	40	工作	14	0.112 4
41	学生	18	0.152 5	41	今天	13	0.104 4
42	思想	18	0.152 5	42	作文	13	0.104 4
43	记得	18	0.152 5	43	所以	13	0.104 4
44	就是	17	0.144 0	44	每次	13	0.104 4

续　表

国　际　中　文				小　学　语　文			
位序	词汇	词次	频　率	位序	词汇	词次	频　率
45	毕业	17	0.144 0	45	还有	13	0.104 4
46	一直	16	0.135 6	46	一定	12	0.096 3
47	一起	15	0.127 1	47	但是	12	0.096 3
48	告诉	15	0.127 1	48	回家	12	0.096 3
49	应该	15	0.127 1	49	心里	12	0.096 3
50	怎么	15	0.127 1	50	怎么	12	0.096 3

在位序前 50 位的高频单音节词中,国际中文和小学语文作文中的共有词有 25 个,分别是:父亲、一个、我们、时候、自己、所以、没有、但是、什么、学习、可是、觉得、因为、总是、爸爸、知道、老师、这样、喜欢、很多、这个、一样、记得、就是、怎么。国际中文作文中高频单音节词的词次从 212－15 递减,小学语文作文中高频单音节词的词次从 222－12 递减,总体上相差并不大。

14.3　高频词义项比较

义项是词的理性意义的分项说明。一个词的各个义项之间相互联系,但每个义项只会出现在各自的具体语境中。词汇有单义词和多义词之分。有的词只有一个义项,大多是人名、地名、事物名称、科学术语,如"鲁迅、浙江、帽子、月球"等,是单义词。有的词有很多义项,比如常用词"小",共有三种词性,在现代汉语词典中总共有十个义项,是多义词。

14.3.1　高频词"把"义项比较

"把"作为汉语中较为特殊的一种句式,在国际中文教学中也是难以教学的知识点。《现代汉语词典》(第 7 版)中关于"把"的义项非常多,而在实际运用的过程中学生会偏向于使用介词"把"。

以共有高频词"把"为例,来看它在国际中文和小学语文作文中的义项分布情况:

表 14‑9　高频词"把"的义项分布

	义项数	义　　项	使用次数	
			国际中文	小学语文
动词	9	[1] 用手握住		
		[2] 从后面用手托起小孩儿两腿,让他大小便		
		[3] 把持,把揽		
		[4] 看守,把守		
		[5] 紧靠		
		[6] 约束住,使不裂开		
		[7] 给		
		[8] 车把		
		[9] 把东西扎在一起的捆子		
量词	5	[10] 用于有把手的器具		3
		[11] 一手抓起的数量		
		[12] 用于某些抽象的事物		
		[13] 用于手的动作		2
		[14] 用于动作、事情的次数		
介词	3	[15] 宾语是后面动词的受事者,整个格式大多有处置的意思	22	39
		[16] 后面的动词,是"忙、累、急、气"等加上表示结果的补语,整个格式有致使的意思	2	2
		[17] 宾语是后面动词的施事者,整个格式表示不如意的事情		
		[18] 加在"百、千、万"和"里、丈、顷、斤、个"等量词后头,表示数量近于这个单位数		
名词	1(bǎ)	[19] 姓		
	2(bà)	[20] 器具上便于用手拿的部分		
		[21] 花、叶或果实的柄		
总计	21		24	46

高频词"把"在词典中共有 21 个义项,4 种词性。在国际中文作文中学生只使用了两种义项,都是介词"把"的两个常用义项。在小学语文作文中学生使用的高频词的义项比国际中文多,既有介词"把",也有量词"把"。

两类作文中都存在的介词"把"的例句如下:

【介】

[15] 宾语是后面动词的受事者,整个格式大多有处置的意思。

(18) 他一看到我们把什么事情做错了,马上批评我们,甚至不严重的错误也狠狠批评我们。(国际中文作文 11)

(19) 有一次,我数学只考了 89.5 分,我怀着忧愁的心情回到家,把试卷拿给爸爸签字。(小学语文作文 18)

以上两个例句都是国际中文作文和小学语文作文中使用次数最多的义项,即"把"为介词表处置义。例(18)中的"事情"是受事者,"做错"是动结式谓语。例(19)中的"试卷"是受事者,是确指的受事宾语。

【介】

[16] 后面的动词,是"忙、累、急、气"等加上表示结果的补语,整个格式有致使的意思。

(20) 有一天,我在门前跳绳,一不小心摔倒了。头上出来的血把我吓得大哭大叫。(国际中文作文 14)

(21) 可是爷爷车钥匙不知插哪了,一下把爷爷急坏了。(小学语文作文 10)

在国际中文作文和小学语文作文中,"把"表示致使义的使用次数都不多。例(20)是动词"吓"带"得"再加上情态补语,表示"头上出来的血"使得我"吓得大哭大叫"。例(21)是动词"急"加上结果补语,表示前一分句的情况让爷爷"急坏了"。

仅存在于小学语文作文中的"把"只有量词这种词性:

【量】

[10] 用于有把手的器具

(22) 在夏天,它如一棵苍天大树挡住了炎热,给我一丝清凉;在冬天,它如另一个小太阳,虽小,但给了我甜甜的温暖;春天,它如一把小伞,挡住了绵绵的细雨,让我看到了雨后的彩虹;秋天,它如一辆小货车,把我的果实载回家。(小学语文作文 23)

[13] 用于手的动作

(23) 第二天,我想嘟嘟几句,可她却拿出了一个文具盒,我一把接过,扔在地

上,说:"现在才买,谁还要啊!"(小学语文作文 30)

综上,在两类作文中,"把"的 21 个义项总共使用了 4 种。在《现代汉语频率词典》中,介词"把"排第 29 位,量词"把"排在第 691 位,动词"把"和名词"把"更是排在词表后面的位置。在上表中,国际中文作文只使用"把"的高频义项即介词"把"的两个义项,小学语文作文则使用介词"把"和量词"把"的义项更多。从总体上来说,"把"在作文中的使用频次与自然频次相近。

14.3.2 高频词"在"义项比较

再以另一个共有高频词"在"在小学语文和国际中文作文中的义项分布情况:

表 14 - 10   高频词"在"的义项分布

	义项数	义 项	使用次数	
			国际中文	小学语文
动词	5	[1] 存在;生存	6	
		[2] 表示人或事物的位置	51	45
		[3] 留在		
		[4] 参加(某团体);属于(某团体)		
		[5] 在于;决定于		
介词	1	[6] 表示时间、处所、范围、条件等	105	69
副词	1	[7] 正在	4	23
	1	[8] "在"和"所"连用,表示强调,后面多跟"不"		
总计	8		166	137

高频词"在"在词典中共有 8 个义项,三种词性。在国际中文作文中学生共使用 4 种义项,小学语文作文中学生共使用 3 种义项。据统计在国际中文作文中学生使用的义项比小学语文多,具体使用例句如下:

【动】

[2] 表示人或事物的位置

(24) 我小的时候,父亲从来都不在家,因为他上班太早回来很晚,所以实际上

他<u>在</u>家,但我几乎没看见他<u>在</u>家,星期天也不例外。(国际中文作文 1)

(25) 爸爸的车上一直有顶安全帽每一天他都会戴着它<u>在</u>施工现场,他和公司的叔叔阿姨谈论很多事情。(小学语文作文 2)

动词"在"的上述义项在两类作文中使用次数接近。

[1] 存在;生存

(26) 可惜父亲在一年前已经仙逝了,所谓"子欲养而亲不<u>在</u>",但是我还是时常怀念这位对我影响最大的一个人。(国际中文作文 28)

以上是只存在于国际中文作文中的动词"在"的义项,类似的用法还有"精神永在""留得青山在,不怕没柴烧"。

【介】

[6] 表示时间、处所、范围、条件等。

(27) 受他的许多思想及观点影响,我本身就喜欢语言,所以我也选择了一条与姥爷相似的路,我先后去美国、中国留学,努力地学习英语和中文,希望将来也能像姥爷一样<u>在</u>语言学上有发展。(国际中文作文 31)

(28) 我有时要去上学的时候,都会看到爸爸一大早就起来工作,就像机器一样忙来忙去,有时<u>在</u>太阳下山时,还会看见爸爸一个人在割石,而且割的时候很注意,也很有精神,无论多久也不会觉得累,就好像有用不完的力气。(小学语文 49)

在国际中文作文和小学语文作文中,副词"在"的使用次数都是最多,国际中文作文使用次数明显多于小学语文。参考《现代汉语八百词》,例(27)是表示范围,用在动词、形容词或主语前。例(27)表示一般动作发生的时间,"在……"用在动词、形容词或主语前。

【副】

[7] 正在

(29) 她正在帮着煮饭,我当时只会听,不会说话,我听到她回应:"哈,你会站了!"她脸上露出了很高兴的样子。接着,我又听到另一些人<u>在</u>说:"还高兴,等下跌倒就糟了。"(国际中文作文 42)

(30) 有一次我半夜起床去喝水,看见爸爸还<u>在</u>修改图纸上的错误,我偷瞄了一下时间已经一点了,多么辛苦呀,我想他这样做是为了给人们建造一个美丽温馨的家园。(小学语文作文 2)

关于"在"作为副词的这种义项在小学语文作文中的使用次数要明显多于国际中文作文。

综上,在两类作文中,"在"的8个义项总共使用了4种。在《现代汉语频率词典》中,介词"在"排第7位,动词"在"排第108位,副词"在"排第221位。据表3-7显示,"在"的高频使用义项也是都分布在介词和动词的义项上,体现了两类作文符合自然频次的规律。

14.4　本 章 小 结

首先,统计了国际中文和小学语文作文中的前100个高频词,考察了各自内部的单双音节词占比和词类分布,并分别与现代汉语语料库词语频率表进行比较。发现无论是国际中文学习者还是母语学习者,使用的词汇都比较接近生活中的常用词汇。

其次,对国际中文和小学语文作文中的高频词进行比较和差异分析。结果发现,两类作文中的前100个高频词中的共有词的使用频率无显著差异,两类作文中"的"的使用频率无显著差异。同时,比较了两类作文中的前51个高频名词,发现小学生更倾向于使用口语化词汇。比较了两类作文中的前50个单音节词和50个双音节词,发现相差不大。

最后,考察了国际中文和小学语文作文中高频词的义项。以高频词"把"和"在"为例,比较两个词汇分别在两类作文中的义项分布情况,并进行了例句的具体分析。

第15章 作文词汇多样性

15.1 词汇多样性计工具

词汇多样性能反映学习者在写作中词汇使用的丰富程度,词汇多样性越高,词汇种类就越丰富。词汇多样性的传统计算方法是类符(type)与形符(token)之比,即每个文本中的词种数与词汇量之比,在前面的章节我们已经利用词频软件进行了统计。由于这种测量方法被证实会受文本长度的影响,而 Uber index(U 值)的测量更准确,并且不受文本长度的影响。因本编选取的作文均为 300 字左右,所以使用 U 值测量词汇多样性,计算方法为:

$$U = (\log \text{Tokens})2/(\log \text{Tokens}-\log \text{Types})$$

U 值越大,说明作文的词汇多样性越高,学生使用词汇更加丰富。

15.2 词汇多样性统计分析

15.2.1 国际中文词汇多样性统计

计算 50 篇国际中文作文的 U 值,得到每篇作文的词汇多样性,结果如图 15 - 1 所示:

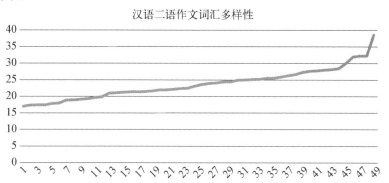

图 15 - 1 国际中文作文词汇多样性

以上可见,国际中文作文的 U 值集中在 15—40 的数值范围内,平均值为23.75。将这一范围划分成 15—20(包括 20),20—25(包括 25),25—30(包括 30),30—35(包括 35),35—40(包括 40)五个区间,各区间作文数量分布和占比情况见表 15 - 1。

表 15 - 1   国际中文作文各区间数量分布及占比

范 围	作文数量	占 比
15—20	12	24%
20—25	20	40%
25—30	14	28%
30—35	3	6%
35—40	1	2%
总 计	50	100%

在 25—30 这一范围的作文数量最多,占比为 54%,达到所统计的国际中文作文数量的一半以上。U 值在 15—25 这一范围的有 32 篇,作文的词汇多样性较低,学生使用词汇不丰富;U 值在 30—40 这一范围的仅有 4 篇,只有少数学生作文词汇多样性较高。

15.2.2   国际中文词汇多样性与写作水平的关系

本编将所选取的国际中文语料分为低、中、高三个分数组:成绩在 50—65 分(不包含 65 分)的作文为低分组;成绩在 65—80 分(包含 65 分不包含 80 分)的作文为中分组;80—95 分(包含 80 分)的作文为高分组。

国际中文作文三个分数组的词汇量和词种数的描述统计见表 15 - 2,词汇多样性(U 值)的描述统计见表 15 - 3。

表 15 - 2   各分数组词汇量和词种数的描述统计

分数组	作文数量	词汇量		词种数	
		平均值	标准差	平均值	标准差
低分组	23	129.26	13.59	232.33	14.292
中分组	12	132.83	11.13	233.57	12.242
高分组	15	145.13	18.43	242.87	16.283

表 15‑3　各分数组词汇多样性(U 值)的描述统计

分数组	作文数量	平均值	标准差
低分组	23	22.33	3.93
中分组	12	23.42	3.29
高分组	15	26.18	5.49

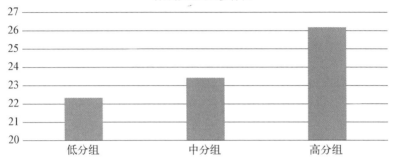

图 15‑2　各分数组词汇多样性

从以上图表可以看出,从低分组到高分组,平均词汇量和词种数逐渐递增,词汇多样性(U 值)也与作文成绩的高低成正比。中分组与低分组相比,平均词汇量增幅为 18.54％,平均词种数的增幅为 0.53％,词汇量的增幅大于词种数的增幅。高分组与低分组相比,平均词汇量增幅为 8.48％,平均词种数的增幅为 0.41％,词汇量的增幅大于词种数的增幅。

使用单因素方差分析,检测各分数组的词汇多样性是否具有显著差异,得到以下结果:

表 15‑4　各分数组词汇多样性(U 值)的差异

	低分组	中分组	高分组	F	p
	(n = 23)	(n = 12)	(n = 15)		
出现频率	22.33 ± 3.93	23.42 ± 3.29	26.18 ± 5.49	3.628*	<0.034

结果显示,国际中文作文各分数组词汇多样性(U 值)具有显著差异,$F_{(2.47)} = 3.628, p < 0.01$。经事后检验发现,低分组和高分组之间的词汇多样性

存在显著差异(P<0.05)。低分组 U 值显著低于高分组 U 值,平均值之差(MD)为
3.844 1。低分组和高分组、中分组和高分组之间的词汇多样性没有显著差异,
P>0.05①。这表明国际中文作文词汇多样性与学生的写作水平有关,学生的写作
水平越高,写作中使用的词汇种类越丰富。例如:

(31) 想起我过去的生活,我不得不想起我亲爱的父亲。(低分组)

(32) 他是个初中老师,听同事们说,父亲是一位好教师的代表,既爱教育又爱
学生,因此很受大家的欢迎。(中分组)

(33) 现在,我每次遇到问题的时候,都会回忆起父亲生前对我的种种教导,父亲
生前的一言一语,一举一动,已成为我在阴暗路上的一盏明灯。(高分组)

例(31)包含 15 个形符,13 个类符,14 个甲级词和 1 个乙级词②。例(32)包含
29 个形符,27 个类符,24 个甲级词,4 个乙级词,1 个丙级词和 1 个丁级词。例
(33)包含 33 个形符,21 个类符,24 个甲级词,4 个乙级词,2 个丙级词,3 个丁级词
和 3 个超纲词。

通过例句可以发现,低分组的国际中文学习者作文中的词汇量和词种数相较于
中分组和高分组更少。低分组的学习者汉语水平相对较低,使用的词汇比较简单,高
频词和常用词较多。中分组和高分组的学习者汉语水平相对较高,词汇更加复杂多
样,句子组成成分更多。如例(33)中就出现了《大纲》没有收录的超纲词"明灯"、短语
"一言一行"和成语"一举一动",甚至还用到了比喻的写作手法。说明汉语水平较高
的学习者平时词汇量的积累较多,在词汇的使用过程中更加丰富,生动形象。

将作文成绩与词汇量、词种数和词汇多样性(U 值)进行相关分析,结果如下:

表 15－5　变量间相关性分析结果

	词汇量	词种数	作文成绩
词汇量	1		
词种数	0.478**	1	
U 值	0.1	− 0.818**	− 0.413**
作文成绩	0.279*	0.531**	1

说明: * 表示在 0.05 水平(双侧)上显著相关, ** 表示在 0.01 水平(双侧)上显著相关

---

① 可能因为样本本身数量太少,所以没有显著差异。

② 《汉语水平词汇与汉字等级大纲》(以下简称《大纲》)。

结果显示,作文成绩与词汇量(r=0.279,p<0.01)、词种数(r=0.531,p<0.01)、U 值(r=-0.413,p<0.01)显著相关,这与王艺璇(2017)的结果相一致。在王艺璇(2017)的研究中,使用 Read(2000) 词汇丰富性框架的 TTR 公式计算词汇的多样性,发现作文成绩与词汇量、词种数和控制文本长度 TTR(随机)存在显著的线性关系,词种数可以有效预测词汇多样性。本编使用 U 值来测量词汇的多样性,同样发现词汇量、词种数和 U 值对写作成绩均有影响。

15.2.3　小学语文词汇多样性统计

同样计算 50 篇小学语文作文的 U 值,得到每篇作文的词汇多样性,结果如图15－3 所示:

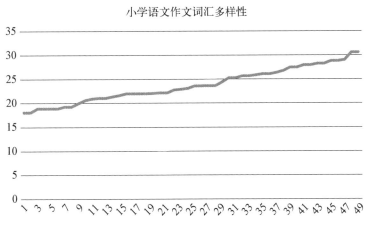

图 15－3　小学语文作文词汇多样性

根据上表数据显示,小学语文作文的 U 值集中在 15－30 的数值范围内,平均值为 23.74。将这一范围划分成 15—20(包括 20),20—25(包括 25),25—30(包括30),30—35(包括 35)四个区间,各区间作文数量分布和占比情况见表 4－5。

表 15－6　小学语文作文各区间数量分布及占比

范　　　围	作文数量	占　　比
15—20	9	18%
20—25	21	42%
25—30	18	36%
30—35	2	4%
总　　计	50	100%

在 20—25 这一范围的作文数量最多,占比为 42%。词汇量在 25—30 这一范围的有 18 篇,处在这一期间的作文也较多,说明小学生的作文使用词汇也较为丰富;词汇量在 30—35 这一范围的仅有 2 篇,且 U 值都接近 30。

15.3   词汇多样性比较分析

为探究国际中文和小学语文的词汇多样性是否存在差异,我们通过独立样本 t 检验进行数据分析,结果见表 15 - 7。

表 15 - 7   国际中文和小学语文的词汇多样性差异

	国际中文 (n = 50)	小学语文 (n = 50)	t	p
词汇量	23.75 ± 4.55	23.74 ± 3.5	0.005	0.996

结果显示,国际中文和小学语文作文的词种数不具有显著差异(t = 0.005,p = 0.996>0.05)。从均值上看,国际中文作文的词汇多样性(M = 23.75)和小学语文作文的词汇多样性(M = 23.74)的差异并不明显,平均值差仅为 0.01。

再来比较国际中文和小学语文词汇多样性各区间作文数量的分布情况:

表 15 - 8   国际中文和小学语文作文各区间 U 值数量分布比较

范　　围	国际中文作文数量	小学语文作文数量
15—20	12	9
20—25	20	21
25—30	14	18
30—35	3	2
35—40	1	0
总　　计	50	50

从总体上看,两类作文词汇多样性各区间的作文数量差异不大,国际中文作文词汇多样性大于 30 的略多于小学语文作文。为进行更加细致的比较,分别举例词

汇多样性小于 20 的国际中文作文和小学语文作文进行词汇的统计分析。

词汇多样性小于 20 的国际中文作文以《记我的父亲》为例：

我/rr 已经/d 二十/m 多/m 岁/qt 了/ule 到/p 现在/t 还/d 没/d 告诉/v 父亲/n 一个/mq 事/n 一个/mq 跟/v 有关/vn 的/ude1 事/n 我/rr 小/a 的/ude1 时候/n 晚上/t 常常/d 哭/v 家里/n 人/n 问/v 我/rr 为什么/ryv 我/rr 哭/v 我/rr 不/d 说/v 出/vf 原因/n 为什么/ryv 呢/y 家里/n 人/n 不/d 知/v 我/rr 常常/d 哭/v 的/ude1 原因/n 是/vshi 因为/p 我/rr 有/vyou 那种/r 感觉/n 父亲/n 在/p 打/v 我/rr 所以/c 我/rr 哭/v 这种/r 感觉/n 现在/n 没/v 了/ule 可能/v 因为/c 我/rr 长大/vi 了/ule 我/rr 想/v 这/rzv 感觉/n 的/ude1 原因/n 是/vshi 我/rr 父亲/n 的/ude1 大/a 声/n 的/ude1 骂/v 我/rr 父亲/n 生气/a 的/ude1 时候/n 要/v 大声/d 地/n 骂/v 我/rr 父亲/n 生气/a 的/ude1 时候/n 要/v 大声/d 地/ude2 骂/v 我/rr 到/v 现在/n 没/d 告诉/v 他/rr 这个/rz 事/n 为什么/ryv 我/rr 应该/v 告诉/v 他/rr 我/rr 认为/v 他/rr 的/ude1 这种/r 态度/n 不好/a 让/v 孩子/n 怕/v 父亲/n 虽然/c 我/rr 现在/n 不/d 怕/v 他/rr 但是/c 可能/v 别人/rr 的/ude1 理/n 跟/p 不/d 一样/a 那些/rz 别人/rr 是/vshi 我/rr 一个/mq 妹妹/n 和/cc 两/m 个/q 弟弟/n 我/rr 不/d 想/v 让/v 他们/rr 感到/v 那种/r 害怕/n 为什么/ryv 我/rr 这样/rzv 说/v 父亲/n 因为/c 这个/rz 是/vshi 他/rr 的/ude1 特点/n 他/rr 当然/d 是/vshi 个/q 好/a 父亲/n 我/rr 觉得/v 是/vshi 天下第一/vl 的/ude1 父亲/n 但/c 这/rzv 一点/mq 大家/rr 知道/v 吧/y 没有/v 人/n 不/d 爱/v 自己/rr 的/ude1 父亲/n 我/rr 就/d 要/v 把/pba 他/rr 的/ude1 错/n 找/v 出来/vf 为了/p 他/rr 的/ude1 好处/n 就/d 是/vshi 告诉/v 他/rr 我/rr 小/a 的/ude1 事情/n 问题/n 在/p 怎么/ryv 开始/v 我/rr 需要/v 哭/v 也/d 没有/v 关系/n

这篇作文的总字数为 331 个，学生使用的词汇量是 227 个，词种数为 110 个，词汇多样性（U 值）为 17.24。该作文按照词语频次降序排列的词语使用情况如下表。

表 15 - 9　作文《记我的父亲》词语频次表

序号	词汇	频次	序号	词汇	频次	序号	词汇	频次
1	我	25	4	他	9	7	哭	5
2	的	17	5	是	7	8	为什么	4
3	父亲	10	6	不	6	9	告诉	4

续　表

序号	词汇	频次	序号	词汇	频次	序号	词汇	频次
10	现在	4	33	小	2	56	自己	1
11	要	3	34	别人	2	57	所以	1
12	感觉	3	35	常常	2	58	呢	1
13	一个	3	36	在	2	59	虽然	1
14	原因	3	37	想	2	60	好	1
15	事	3	38	让	2	61	弟弟	1
16	时候	3	39	到	1	62	知	1
17	了	3	40	好处	1	63	因为	1
18	骂	3	41	还	1	64	出	1
19	怕	2	42	但	1	65	没	1
20	这	2	43	态度	1	66	他们	1
21	因为	2	44	天下第一	1	67	跟	1
22	大声	2	45	特点	1	68	长大	1
23	没	2	46	多	1	69	跟	1
24	这种	2	47	问	1	70	事情	1
25	就	2	48	晚上	1	71	开始	1
26	家里人	2	49	岁	1	72	出来	1
27	没有	2	50	为了	1	73	应该	1
28	个	2	51	那些	1	74	和	1
29	这个	2	52	声	1	75	吧	1
30	说	2	53	害怕	1	76	有关	1
31	那种	2	54	两	1	77	认为	1
32	生气	2	55	一样	1	78	大家	1

续　表

序号	词汇	频次	序号	词汇	频次	序号	词汇	频次
79	也	1	90	找	1	101	一点	1
80	已经	1	91	人	1	102	地	1
81	孩子	1	92	地	1	103	当然	1
82	觉得	1	93	拿	1	104	把	1
83	妹妹	1	94	二十	1	105	但是	1
84	感到	1	95	问题	1	106	错	1
85	知道	1	96	可能	1	107	不好	1
86	大	1	97	可能	1	108	爱	1
87	打	1	98	这样	1	109	理	1
88	有	1	99	怎么	1	110	到	1
89	需要	1	100	关系	1			

词汇多样性小于 20 的小学语文作文以《我的妈妈》为例：

人人/n 都/d 有/vyou 一个/mq 最/d 敬佩/v 的/ude1 人/n 有/vyou 清洁工/n 快递/a 员/ng 我/rr 最/d 敬佩/v 的/ude1 人/n 却/d 是/vshi 我/rr 的/ude1 妈妈/n 妈妈/n 中等/b 身材/n 微/ag 胖/a 浓眉大眼/al 美丽/a 极了/u 我/rr 的/ude1 妈妈/n 是/vshi 个/q 非常/d 体谅/v 别人/rr 的/ude1 人/n 邻居/n 李/nr1 阿姨/n 经常/d 把/pba 垃圾/n 倒/vi 在/p 我们/rr 家/n 垃圾/n 桶/n 里/f 有/vyou 好几/m 次/qv 我/rr 都/d 想/v 去/vf 讨/v 一个/mq 说法/n 可是/c 每次/r 妈妈/n 都/d 对/p 我/rr 说/v 别/d 去/vf 了/ule 免得/v 伤/v 了/ule 邻居/n 里/f 和气/n 妈妈/n 还是/v 个/q 见义勇为/vl 的/ude1 人/n 呢/y 有/vyou 一/m 次/qv 我/rr 和/cc 妈妈/n 去/vf 买/v 菜/n 我们/rr 买/v 完/vi 黄瓜/n 趁/p 那个/rz 老爷爷/n 低头/vi 给/p 我们/rr 找/v 钱/n 的/ude1 时候/n 一个/mq 小伙子/n 趁/p 大家/rr 不/d 注意/v 偷偷/d 地/ude2 拿/v 了/ule 几/m 根/q 黄瓜/n 在/p 那/rzv 个/q 小伙子/n 刚/d 要/v 溜走/v 的/ude1 时候/n 妈妈/n 一/m 把/pba 抓住/v 了/ule 那个/rz 人/n 的/ude1 衣服/n 说/v 小伙子/n 偷/v 东西/n 可/v 是/vshi 不对/a 的/ude1 呀/y 那/rzv 个/q 小伙子/n 说/v 大姐/n 您/rr 说/v 什么/y 呢/y 这/rzv 黄瓜/n

可是/c 我/rr 刚/d 在/p 那边/rzs 买/v 的/ude1 呢/y 妈妈/n 说/v 既然/c 你/rr 说/v 是/vshi 从/p 那边/rzs 买/v 的/ude1 那/rzv 你/rr 能/v 说/v 出/vf 黄瓜/n 是/vshi 几/m 斤/q 几/m 两/m 吗/y 那/rzv 个/q 人/n 一/d 听/v 把/pba 黄瓜/n 放下/v 灰溜溜/z 地/ude2 跑/v 掉/v 了/ule 老爷爷/n 和/cc 周围/f 的/ude1 人/n 都/d 纷纷/d 赞扬/v 妈妈/n 的/ude1 勇敢/an 与/cc 聪明/a 呢/y 看/v 我/rr 的/ude1 妈妈/n 是/vshi 不/d 是/vshi 应该/v 被/pbei 人/n 敬佩/v 呢/y

　　这篇作文的总字数为 325 个,与前面举例的国际中文作文字数相近。学生使用的词汇量是 233 个,词种数为 122 个,词汇多样性(U 值)为 19.94,在词汇量相近的条件下,小学语文的词种数却比国际中文作文多,词汇多样性也更高。该作文按照词语频次降序排列的词语使用情况如下表。

表 15 - 10　作文《我的妈妈》词语频次表

序号	词汇	频次	序号	词汇	频次	序号	词汇	频次
1	的	15	16	去	3	31	次	2
2	妈妈	10	17	我们	3	32	刚	2
3	人	8	18	几	3	33	你	2
4	我	8	19	在	3	34	老爷爷	2
5	是	7	20	一个	3	35	时候	2
6	说	6	21	把	3	36	那个	2
7	了	6	22	敬佩	3	37	和	2
8	黄瓜	5	23	趁	2	38	里	2
9	个	5	24	那边	2	39	地	2
10	呢	5	25	可是	2	40	出	1
11	小伙子	4	26	不	2	41	灰溜溜	1
12	都	4	27	最	2	42	跑	1
13	买	4	28	一	2	43	两	1
14	有	4	29	垃圾	2	44	被	1
15	那	4	30	邻居	2	45	人人	1

序号	词汇	频次	序号	词汇	频次	序号	词汇	频次
46	放下	1	69	微	1	92	菜	1
47	浓眉大眼	1	70	大家	1	93	倒	1
48	见义勇为	1	71	吗	1	94	拿	1
49	员	1	72	别	1	95	听	1
50	这	1	73	低头	1	96	家	1
51	即	1	74	可	1	97	说法	1
52	比	1	75	纷纷	1	98	呀	1
53	与	1	76	从	1	99	完	1
54	讨	1	77	掉	1	100	把	1
55	看	1	78	能	1	101	偷	1
56	要	1	79	勇敢	1	102	经常	1
57	每次	1	80	美丽	1	103	几	1
58	还是	1	81	您	1	104	斤	1
59	周围	1	82	注意	1	105	非常	1
60	不对	1	83	免得	1	106	中等	1
61	伤	1	84	东西	1	107	极	1
62	清洁工	1	85	一	1	108	阿姨	1
63	身材	1	86	对	1	109	桶	1
64	抓住	1	87	钱	1	110	大姐	1
65	应该	1	88	么	1	111	然	1
66	赞扬	1	89	找	1	112	快递	1
67	和气	1	90	李	1	113	却	1
68	偷偷	1	91	体谅	1	114	根	1

序号	词汇	频次	序号	词汇	频次	序号	词汇	频次
115	衣服	1	118	别人	1	121	聪明	1
116	溜走	1	119	好	1	122	胖	1
117	想	1	120	给	1			

表 15 - 11　各频次的词语数量比较

频　　次	国际中文词语数量	小学语文词语数量
10 以上(包括 10)	3	2
5—10(包括 5)	4	8
2—4 区间(包括 4)	31	29
1	72	83
总　　计	110	122

　　由上表可知,国际中文作文频次在 10 及以上的词语有 3 个,占所有词种数的 2.75%。出现次数最多的是人称代词"我",使用次数为 25 次,其次为助词"的",出现 17 次,出现次数为 10 次的"父亲"与作文的主题有一定的关系。小学语文作文频次在 10 及以上的词语有 2 个,占作文所有词种数的 1.63%。出现次数最多的是助词"的",使用次数为 15 次,其次为名词"妈妈",出现 10 次。

　　国际中文作文频次在 5—10 区间(包括 5)的词语有 4 个,占比为 3.67%。小学语文作文频次在 5—10 区间(包括 5)的词语有 8 个,占比为 6.56%。国际中文作文频次在 2—4 区间(包括 4)的词语有 31 个,占比为 28.44%。小学语文作文频次在 2—4 区间(包括 4)的词语有 29 个,占比为 23.77%。在频次大于 1 的词语中,两类作文总体上的差异并不大。

　　国际中文作文频次为 1 的词语共有 72 个,占所有词种数的 66.05%,仅占全部词汇量的 31.72%,频次为 1 的词语共有 83 个,占所有词种数的 68.03%,占全部词汇量的 35.62%。在小学语文作文中,学生使用的词语更加丰富,出现了"浓眉大眼"和"见义勇为"两个成语,还有"灰溜溜"这样的状态形容词。

　　从总体上看,无论是国际中文还是小学语文作文,词汇多样性高的作文都不多。国际中文学习者在作文中所用的词种数较少,词汇量掌握量也更少,像"我"这样的常用高频词出现频次比小学语文多,小学语文作文中的词汇使用相对更加丰富。

15.4　本 章 小 结

本章主要考察了国际中文作文词汇多样性和小学语文作文词汇多样性,国际中文词汇多样性与写作水平的关系。发现国际中文作文的 U 值集中在 15—40 的数值范围内,小学语文作文的 U 值集中在 15—30 的数值范围内。国际中文作文各分数组词汇多样性(U 值)具有显著差异,国际中文作文词汇多样性与学生的写作水平有关,学生的写作水平越高,写作中使用的词汇种类越丰富。

另外,将两类作文的词汇多样性进行比较,发现无显著差异。并分别举例词汇多样性小于 20 的国际中文作文和小学语文作文,对作文中各频次的词汇进行了比较,小学语文的词种数却比国际中文作文多,学生使用的词语更加丰富。

结　语

　　本书选取教材汉字编排、课堂问答与评价以及作文词汇运用等专题,对国际中文教学与传统的小学语文教学进行对比研究,采用定性与定量相结合的研究方式,力求准确揭示两者的共性与差异,为准备跨界教学的读者,尤其是国际中文教育类学生毕业后从事传统语文教学工作提供一定的教学参考。

　　本书第一部分是教材的汉字比较。以国际中文初级教材《成功之路》(入门篇、起步篇)和人民教育出版社 2016 年版部编本小学《语文》(一年级上、下)教材为研究对象,考察和比较了两套教材中的生字编排内容、汉字基础知识及汉字练习项目。两套教材的比较研究显示:

　　第一,在生字编排方面,《成功之路》严格遵循大纲要求,初级阶段主要以甲级字为主,乙级字次之。而《语文》的识字难度高于国际中文教材,汉字等级分布也更加广泛,包含甲级、乙级、丙级、丁级和超纲字。在字序分布上,《成功之路》两册教材根据字频高低分阶段地循序编排,在教材的前中后三个阶段,依次有重点地安排了使用频率不同的汉字。相比之下,《语文》的字序分布有待改进。

　　第二,在汉字基础知识方面,母语教材的汉字笔画、笔顺和偏旁数量远大于国际中文教材,这也反映了母语教学比国际中文教学更加重视汉字书写。此外,《成功之路》存在例字选取复杂、偏旁名称及书写形式不规范等问题,而《语文》严格依据国家颁布的相关汉字规范标准,这一点值得国际中文教材借鉴。

　　第三,在汉字练习方面,《成功之路》贯彻了"精讲多练"的原则,题型设置十分注重汉字知识点的覆盖,实用性较强,但缺少趣味性,练习大多以连线、填空、读一读为主。《语文》识字方法丰富,题型富有趣味性,通过真实的语言情景、丰富的识字方法、生动的插图等激发学生学习汉字的兴趣。

　　本书第二部分是课堂问答比较。从教师提问、学生回答、教师反馈三个方面分别考察国际中文小学课堂和国内小学语文课堂的师生表现,并对两者进行比较。研究显示:

　　第一,在教师提问方面,国际中文教师和国内语文教师都习惯采用较短的句子进行提问,问句的平均字数不超过 10 个;都倾向于选择比较容易理解的一般疑问句,但是,为了丰富课堂形式,教师在提问时也会出现如陈述句、反问句或留空问句等多种问句形式,大部分教师甚至会适当采用动作代替提问的新颖的提问方式;都更偏向于不指定回答,点名全体学生和个别学生回答问题的情况最多。国际中文教师和国内语文教师在提问策略方面又存在诸多不同,例如国内小学语文教师更多采用参考性问题进行提问,其数量超过全部问句的 50%。教师在课堂上提出的问题的难易区分度较大,可以鼓励班级不同性格类型或学习风格的学生都参与到课堂中来。参考性问题在小学语文课堂的各个环节中都有所出现,体现了小学语文课堂的灵活性。国际中文教师习惯采用展示性问题进行提问,因为展示性问题比较简单,且存在非常精确的"标准答案",是巩固汉语语音、词汇、语法和汉字等方面基础知识的最佳选择,十分适合母语非汉语的初中级汉语学习者,也适合大部分新手国际中文教师使用。此外,国际中文课堂提问总体难度小、问题之间难易度区分不大,主要目的在于让全班不同性格类型或学习风格的学生都能在课堂上具有参与感,且能将汉语基础知识掌握得更加牢固。国际中文课堂中,有经验的教师都会将展示性问题、参考性问题和回应性问题进行有机结合,促使课堂效率提高、学生汉语输入更加多样。

第二,在学生回答方面,答句均以陈述句为主,教师提出什么样的问题,学生则相应地回答什么样的问题。偶有学生就课堂上不懂的问题向教师提问,教师都会给予表扬且耐心解答,并鼓励其他学生也多提问,做到"学有所思""学有所想"。总体来说,国际中文教师和国内语文教师都是课堂的主导者,善于把握课堂节奏,形成良好的教学氛围。但国内小学生回答问题时纪律更严格,且在回答方式上刻板统一,都是"先举手、后起立、再回答",学生对教师十分尊重;国际中文课堂学生回答问题的方式受国别文化差异影响较大,亚非国家的学生在回答问题时与国内小学生类似,都是先举手再回答,菲律宾等国的学生还会在回答问题后向教师鞠躬并说"谢谢老师";而欧美国家的国际中文课堂氛围则更轻松,他们通常围成一圈上课,教师站在学生中间,部分课堂中学生在回答问题时也不用举手和起立,而是直接发表自己的观点。

第三,在教师反馈方面,国际中文教师对学生回答反馈的频率更高,国内小学语文课堂的参考性问题更多,教师可以不必直接进行对错的判断,而是进一步推进课堂教学,让学生自己对自己的回答进行更加深入的思考。国际中文教师和国内小学语文教师都更倾向于采用肯定反馈的方式进行反馈,即使学生的回答出现错误,教师也会委婉地提示,让学生自行改正。

本书第三部分是课堂评价比较。分别考察国际中文课堂和小学语文课堂的评价语,再对两种课堂评价语进行比较研究。

在国际中文课堂评价语的研究中,我们注意到课堂评价的频率较高,教师反馈非常及时,评价对象的优先排序是个体学生、全体学生和部分学生。在评价语的内容方面,国际中文课堂评价用语分布非常不均匀,泛泛且简单的评价占大多数,也有一些表示负面的,以反问、设问方式表达的评价语,有时还使用英语作为评价语。由于国际中文课堂着重培养学生的汉语交际能力,评价内容的类型较为忽视知识型和情感态度型的评价。在评价的方式方面,国际中文课堂以直接评价和言语评价为主,间接评价和非言语评价为辅。在评价的态度方面,直接肯定的使用频率远高于其他三者。在评价的有效程度方面,国际中文课堂评价语在正面评价时以泛泛的低程度评价为主,有效程度不高,但在负面评价时却能及时纠正学生的错误,有效程度较高。

在小学语文课堂评价语的研究中,我们注意到小学语文教师的反馈比较及时,评价对象的优先级同样依次是个体学生、全体学生和部分学生。在这些评价对象中,教师较为忽视对全体学生的评价。在评价语的内容方面,小学语文课堂评价语最常使用简洁明了的评价,绝大多数是正面评价,而且根据课堂和学生的实际情况,教师也能灵活使用各种各样的具体评价。从常用的评价用语中也能看出小学语文教师重视培养学生的朗读能力和表达能力。评价内容的类型以能力评价为主,知识型和情感态度型评价较少出现。在评价的方式方面,小学语文教师擅长使用直接间接相结合的评价方式,以言语评价为主,非言语评价方式有所欠缺。在评价的态度方面,直接肯定是最主要的评价态度,间接肯定为辅,否定评价出现的频率低于肯定评价。在评价的有效程度方面,小学语文课堂的正面评价以有原则的评价为主,有效性较高,但是负面评价的有效性有所欠缺。

两种课堂评价语的对比研究显示,国际中文课堂的评价频率更高,学生评价老师和师生互评都很少出现。在评价语内容的对比中,两种课堂评价语都最常使用简单明了的评价,但小学语文课堂评价的用语更加丰富,也更多地出现知识型和情感态度型评价。在评价语方式的对比中,小学语文课堂不擅长使用非言语评价,而国际中文教师在灵活使用间接评价的方面不如小学语文教师。在评价态度的对比中,两种课堂中最常用的都是直接肯定的态度,而小学语文课堂相比之下使用间接肯定的频率略高,国际中文课堂使用否定的频率略高。在评价的有效性对比中,两种课堂的正面评价都以低程度评价为主,小学语文课堂更多使用有原则的评价,而国际中文课堂则流于空泛。在负面评价方面,小学语文课堂的有效性有所欠缺,而国际中文教师在负面评价过后基本都予以及时纠正,更具有效性。

本书第四部分是作文词汇比较。首先,从词量、词长和词类三个方面考察国际中文和小学语文的作文词汇构成。其次,分别统计分析国际中文和小学语文作文中的高频词,并与现代汉语语料库词语频率表进行比较。最后,比较国际中文和小学语文作文词汇的多样性。研究显示:

第一,在词汇构成方面,小学语文的词汇量多于国际中文的词汇量,两类作文的词种数之间没有显著差异。在词长上,国际中文作文单音节词汇的出现频率在所有词长类型的词汇中显著最多,小学语文作文中的双音节词汇的出现频率在所有词长类型的词汇中显著最多。国际中文作文的双音节词多于小学语文,小学语文作文的单音节词和四音节及以上词多于国际中文。在词类上,国际中文作文和小学语文作文都普遍使用实词,虚词偏少。其中在国际中文作文中出现次数最多的实词是名词,小学语文作文中出现次数最多的实词是动词。在虚词中,两类作文都是助词占比最多。

第二,在作文的高频词方面,无论是国际中文学习者还是汉语母语学习者,使用的词汇都比较接近生活中的常用词汇。在两类作文前100个高频词使用频率的比较分析中,发现共有高频词和高频词“的”不存在显著差异。两类作文高频名词的比较中,母语小学生更倾向于使用口语化词汇。两类作文的前50个单音节词和50个双音节词相差不大。同时,以高频词“把”和“在”为例,考察国际中文和小学语文作文中高频词的义项分布情况,发现“把”和“在”在作文中的使用频次与自然频次相近。

第三,在作文词汇多样性方面,国际中文和小学语文作文的词汇多样性整体上无显著差异。国际中文作文的U值集中在15—40的数值范围内,小学语文作文的U值集中在15—30的数值范围内。小学语文作文的词种数比国际中文多,学生使用的词语更加丰富。考察国际中文作文词汇多样性与写作水平的关系,发现各分数组词汇多样性(U值)具有显著差异。结果表明国际中文作文词汇多样性与学生的写作水平有关,学生的写作水平越高,写作中使用的词汇种类越丰富。

本书研究还存在一些不足,其中两点特别需要指出来:

第一,本书名为“国际中文与传统语文教学比较”,实际只集中比较上述四个专题,更多的专题有待继续研究。因此,我们说这是一个开放性的课题,希望将来有续集问世。

第二,研究对象和材料具有一定的局限性。其中教材比较部分,在与国内语文教材进行比较时,只选取了《成功之路》这一套国际中文教材,而该教材只是国际中文教学的代表性教材之一。再如作文词汇比较部分,由于现有条件的限制,只考察了写人的国际中文和小学语文记叙文进行比较,存在作文主题和文体的局限性。课堂问答和评价语部分则是选择的网络课堂教学视频,由于视频中教师和学生或多或少做过一些准备,尤其是小学语文的示范课,其精美流利程度之高,不排除事先演练的可能性,因此视频课堂的真实性不如随堂观察。这个问题在本课题后续研究中须加以改进。

主要参考文献

卞觉非.汉字教学：教什么？怎么教？[J].语言文字应用,1999(1)

蔡富有.小学识字教学理论探微——兼论"字族文识字教学法"的理论基础[J].语言文字应用,1996(4)

曹建召、陶本一.三套小学低年级语文教材用字研究[J].教育学报,2008(3)

陈昌来.对外汉语教学概论[M].上海：复旦大学出版社,2007

陈衡.汉语词长的计量研究[D].浙江大学,2016

崔永华.汉字部件和对外汉字教学[J].语言文字应用,1997(3)

崔永华.从母语儿童识字看对外汉字教学[J].语言教学与研究,2008(2)

傅永和.汉字的结构[J].语文建设,1991(9)

国家语言文字工作委员会标准化工作委员会.现代汉语通用字笔顺规范[M].北京：语文出版社,2000

国家汉语水平考试委员会办公室考试中心.汉语水平词汇与汉字等级大纲（修订本）[Z].北京：经济科学出版社,2001

黄伯荣、廖序东.现代汉语（增订六版）[M].北京：高等教育出版社,2017

江新、赵果等.外国学生汉语字词学习的影响因素——兼论《汉语水平大纲》字词的选择与分级[J].语言教学与研究,2006(2)

康加深.现代汉语形声字形符研究[A].陈原主编《现代汉语用字信息分析》[C].上海：上海教育出版社,1993

李大遂.简论偏旁和偏旁教学[J].暨南大学华文学院学报,2002(1)

李玲玉.泰国经贸汉语专业留学生本科毕业论文语言特征的研究[J].海外华文教育,2017(10)

李镗.中小学语文课文字词分布统计及应用价值[J].语言文字应用,2000(3)

李宇明.儿童语言的发展[M].武汉：华中师范大学出版社,1995

梁岩岩、崔友兴.部编本小学语文教材识字特点及教学建议[J].课程教学研究,2019(1)

刘翔平、张立娜、刘文理.结构意识教学对识字困难儿童的干预研究[J].中国特殊教育,2005(6)

刘珣.对外汉语教育学引论[M].北京：北京语言文化大学出版社,2000

吕必松.对外汉语教学概论(讲义)(续五)第四章 教学过程和教学活动[J].世界汉语教学,1993(3)

吕叔湘.现代汉语八百词[M].北京：商务印书馆,1999

马欣华.课堂提问[J].世界汉语教学,1988(1)

齐沪扬. 对外汉语教学语法[M].上海：复旦大学出版社,2005

齐沪扬.现代汉语[M].北京：商务印书馆,2007

施正宇.论汉字能力[J].世界汉语教学,1999(2)

石定果.汉字研究与国际中文教学[J].语言教学与研究,1997(1)

孙清兰.高频词与低频词的界分及词频估算法[J].中国图书馆学报,1992(2)

万业馨.从汉字研究到汉字教学[J].世界汉语教学,2004(2)

万业馨.应用汉字学概要[M].北京：商务印书馆,2012

王蒙.汉语国际教育专业泰国来华留学生硕士论文语言特征分析及教学启示[J].海外华文教育,2017(10)

王晓光.在甲级字解析基础上的对外汉字教学构想[J].语言研究,2002(S1)

王艺璇.汉语二语者词汇丰富性与写作成绩的相关性——兼论测量写作质量的多元线性回归模型及方程[J].语言文字应用,2017(2)

王又民.中外学生词汇和汉字学习对比分析[J].世界汉语教学,2002(4)

温儒敏."部编本"语文教材的编写理念、特色与使用建议[J].课程·教材·教法,2016(11)

肖奚强.汉字教学及其教材编写问题[J].世界汉语教学,1994(4)

许嘉璐.汉语规范化和国际中文教学[J].语言文字应用,1997(1)

徐勤.中,泰,印尼学生汉语写作语言特征对比研究[D].厦门大学 2019

杨夷平、易洪川.浅析识字教学的对内、对外差别[J].世界汉语教学,1998(2)

于龙、陶本一.识字教学的问题与对策——基于语料库的小学语文教材用字研究[J].语言文字应用,2010(1)

张田若.当前的识字教学和识字教材问题[J].全球教育展望,2004(1)

张心科、郑国民.关于小学语文教科书用字科学化的思考[J].课程·教材·教法,2015(4)

中华人民共和国教育部.全日制义务教育语文课程标准[S].北京：北京师范大学出版社,2011

图书在版编目(CIP)数据

国际中文与传统语文教学比较 / 李文浩等著. 一上
海：学林出版社,2023
ISBN 978 - 7 - 5486 - 1941 - 3

Ⅰ.①国… Ⅱ.①李… Ⅲ.①汉语—对外汉语教学—
教学研究②语文教学—教学研究 Ⅳ.①H195.3②H193

中国国家版本馆 CIP 数据核字(2023)第 112363 号

责任编辑　王思媛
封面设计　严克勤

国际中文与传统语文教学比较

李文浩　等著

出　　版　学林出版社
　　　　　　(201101　上海市闵行区号景路 159 弄 C 座)
发　　行　上海人民出版社发行中心
　　　　　　(201101　上海市闵行区号景路 159 弄 C 座)
印　　刷　上海商务联西印刷有限公司
开　　本　720×1000　1/16
印　　张　14.5
字　　数　26 万
版　　次　2023 年 7 月第 1 版
印　　次　2023 年 7 月第 1 次印刷
ISBN 978 - 7 - 5486 - 1941 - 3/H・158
定　　价　78.00 元